9787512651319_2
U0669396

·品读世界历史　汲取无穷智慧·

世界上下五千年

②

文若愚　编著

UNITY PRESS
團结出版社

中世纪

法兰克国王克洛维

法兰克人是日耳曼人的一支，生活在罗马帝国的北方。公元3世纪中叶，法兰克人不断渡过莱茵河，闯入罗马帝国境内，大肆屠杀抢掠，让罗马人很是头疼。但同时也有些法兰克人被罗马人招募，充当雇佣兵。公元4世纪时，法兰克人分为两支：一支是海滨法兰克人（萨利克法兰克人），住在莱茵河口附近和索姆河流域；另一支是河滨法兰克人（里普阿尔法兰克人），住在以今德国科隆为中心的莱茵河两岸。“法兰克”在日耳曼语中是“大胆”的意思，法兰克人都是不怕死的勇士，他们打起仗来个个奋不顾身。墨洛温家族是法兰克人中最尊贵的家族，他们都长发披肩，以显示自己高贵。

公元5世纪前期，当时高卢中北部包括巴黎在内广大区域，由西罗马帝国的将军西阿格里乌斯统治着。这里与意大利的联系早被切断，实际上已经独立，西阿格里乌斯自称“罗马人的王”。

公元481年，15岁的克洛维在父亲死后，成了法兰克人的首领。克洛维像多数法兰克人一样强悍好斗，以战斗作为自己的爱好和事业。他性格残忍，擅玩权术，经常果断铲除威胁自己的人，具有政治家的长远的战略眼光。

公元486年，一支海滨法兰克人在克洛维率领下越过阿登森林（在今比利时境内）南下，联合另一支海滨法兰克人，在苏瓦松击败西阿格里乌斯的军队。西阿格里乌斯仓皇南逃，投奔了西哥特人。克洛维派使者前去索要西阿格里乌斯，西哥特人把他套上镣铸送交克洛维。击败西阿格里乌斯后，克洛维占领了包括巴黎和卢瓦尔河以北大片土地，建立了法兰克王国，他本人也从一个部落联盟首领变成真正的国王，开始了以他非常受人尊敬的祖父墨洛温名字命名的墨洛温王朝。

骑士制度兴起于 8 世纪，当时的统治者有足够财富向骑士们提供战马、武器与盔甲，以使他们在战争中效忠法兰克王国。

法兰克王国的建立标志着法兰克人从部落联盟演化到了国家阶段，而克洛维也从一个部落首领变成了国王。著名的“苏瓦松花瓶”故事反映了这一过程。

一次，克洛维的部下洗劫了兰斯教堂，抢走了教堂的大量财物。兰斯教堂的主教找到克洛维，希望他能够归还一个被奉为圣杯的大花瓶。克洛维说：“我们法兰克人要在苏瓦松分配战利品，如果我抽签抽中的是那只花瓶的话，一定奉还。”到了苏瓦松，所有的战利品都摆在地上。在分配战利品时，克洛维对在场的法兰克人说：“我勇敢的战士们，我请求你们在我抽到的东西之外，再把那个花瓶给我。”许多法兰克人都说：“可以，尊敬的国王。所有的战利品都是您的，只要您认为合适，您就取走吧！因为谁也没有强大到敢向您说个不字。”但一个战士站出来说：“除非你抽到花瓶，否则你根本无权得到这只花瓶！”说完挥起斧头将花瓶砍了个稀巴烂。

一年后，克洛维命令军队全副武装到校场集合，以检阅军队。克洛维走到打碎花瓶的那个战士面前时，看了看他的武器，故意生气地说：“谁带来的武器也不像你的武器那样保管不当，无论是你的投枪还是斧头，都无法使用。”说完克洛维拿起那个战士的斧头扔到了地上。在那个战士弯腰去捡拾斧头时，克洛维抡起自己的斧头，劈开他的头，那名战士当场横尸校场，在场的法兰克人无不震惊。克洛维对着尸体说：“你在苏瓦松的时候就是这样对待花瓶的。”由此，克洛维树立了自己的权威，从一个部落联盟首领变成了一个具有生杀予夺大权的国王。

27 岁的时候，克洛维和信奉基督徒的勃艮第公主结婚，但那时他本人并不是基督徒。公元 496 年，克洛维与阿勒曼人激战时，身陷重围。绝望中，他想到了上帝，于是他跪下向上帝祈祷，发誓如果能够转败为胜，他将带领全体法兰克人皈依基督教。奇迹发生了，阿勒曼人发生内乱，杀死了阿勒曼国王，并且全部向克洛维投降。克洛维大为惊奇，认为是上帝在帮助自己，于是在当年圣诞节率领 3000 名法兰克战士接受了洗礼，皈依基督教。从此，克洛维受到了罗马教会的大力支持，他继续扩张，几乎占领整个高卢。

查士丁尼镇压尼卡起义

公元 359 年，罗马皇帝狄奥多西去世。临死前，他把罗马帝国分为东、西两个部分，让自己的两个儿子各自为帝。

西罗马帝国的首都仍然在罗马，领土包括现在的意大利、法国、英国、伊比利亚半岛、奥地利、匈牙利以及北非的阿尔及利亚、突尼斯、利比亚。

东罗马帝国定都君士坦丁堡（原名拜占庭，今土耳其伊斯坦布尔），所以又叫拜占庭帝国。东罗马帝国统治着从黑海到亚得里亚海之间的广大地区，包括东南欧一带、巴尔干半岛、小亚细亚、中东地区和外高加索一部分。

公元476年，西罗马帝国灭亡，而东罗马帝国却继续存在了将近1000年。

君士坦丁堡位于亚、欧两洲的交界处，扼守从黑海进入地中海的大门，地理位置十分重要。当西欧陷入混乱与纷争的时候，东罗马帝国依然非常强盛，君士坦丁堡当时有80万人口，是世界上最大的城市之一，海外贸易非常发达，城内的建筑辉煌壮丽，港口停泊着来自世界各国的船只，一片繁荣景象。

但君士坦丁堡里的很多手工业者和城市贫民在皇帝查士丁尼和他的一大群贪官污吏的统治下仍然过着悲惨的生活，他们生活艰辛，毫无政治权利可言，只有从古罗马时期流传下来的市民娱乐活动才能使他们享有片刻的欢乐。

当时最大的市民娱乐活动是马车比赛。无论是皇帝、贵族、地主、商人还是普通市

拜占庭武士像

查士丁尼大帝及廷臣

这是拜占庭时期最著名的镶嵌画之一，描绘的是查士丁尼大帝在大主教的陪伴下主持教堂奉献礼的情景。

民，都非常喜欢。每次比赛的时候，从皇帝到市民都聚集到能容纳五六万人的赛车场观看比赛。在东罗马帝国，皇帝的地位是至高无上的，平时人们见了他都要跪下磕头，吻他的靴子。只有到了马车比赛的时候，群众才可以趁机大声喊叫，表达对他的不满。

马车是分队进行比赛的，车夫们都穿着不同颜色的衣服，有蓝色、绿色、红色等，人们也分别支持不同的队。渐渐地，这种支持变成了政治派别。其中蓝队的支持者是元老贵族和地主，而绿队的支持者则是大商人和高利贷者。这两派都有广大的群众支持，这些群众憎恨皇室和各级官僚，每次比赛的时候，他们就联合起来，大声吵闹，矛头直指那些臭名昭著的贪官污吏，赛车场渐渐变成了群众游行示威的场所。

公元532年的一天，查士丁尼带着皇后和文武百官来参加赛车会。皇帝属于蓝派，所以绿派的群众就向他高喊“尼卡！尼卡！（胜利的意思）”想打掉皇帝的威风。许多平日里备受欺压的群众也纷纷站起身来，高举着拳头，挥舞着手臂，高喊打倒贪官污吏的口号。全场的局势快要失控了，一场政治风暴即将来临。查士丁尼见状，急忙令卫兵逮捕了几个带头的群众。这一下全体群众都被激怒了，他们起来齐声高喊“尼卡！尼卡！”上前和士兵搏斗。群众冲出赛车场，拿起刀枪火把，冲进政府、教堂和贵族的房屋，四处点火。著名的索菲亚大教堂、宙克西普浴池甚至一部分皇宫建筑都被点燃。起义的群众还冲进监狱，释放了所有被关押的老百姓。人们手拿刀枪，高举火把，围着皇宫高呼，要求处死那些臭名昭著的大贪官。躲在皇宫中的查士丁尼无奈，只好将那几个贪官免职，但群众并没有散去。

查士丁尼见局势失控，就决定逃走，但遭到了皇后的反对，大臣们也提醒皇帝，城外还有忠于皇帝的大军。查士丁尼急忙派人偷偷溜出城，命令驻扎在城外的刚从波斯前线回来的贝利萨留将军和正从外地赶来的蒙德将军进城镇压起义。查士丁尼假装对群众闹事不介意，通告全城起义的群众，请大家欣赏一场更大规模的马车比赛。起义者上了当，来到了赛车场。

贝利萨留和蒙德率领着军队秘密进城，将赛车场团团围住，贝利萨留抽出宝剑，下令士兵屠杀在赛车场内的起义者。这些装备精良、训练有素的士兵，挥舞着大刀长矛，疯狂地向起义者砍去。一时间，赛车场内惨叫声、呻吟声汇成了一片，大地上鲜血横流。一些逃出场外的起义者又遭到了蒙德率领的军队的屠杀。

那一夜，有4万起义者被杀害，君士坦丁堡成了人间地狱，“尼卡”起义就这样失败了。从此以后，拜占庭帝国处于查士丁尼更加残酷的统治之中。

拜占庭的扩张

西罗马帝国灭亡后，东罗马帝国皇帝就以罗马帝国的继承者自居，并以恢复古罗马帝国的版图为己任。当时被视为“蛮族”的日耳曼人在原西罗马帝国的领土上建立了很多小王国，他们信奉基督教的阿利乌斯教派，这是自认为信奉基督教正统、以基督教正统保护者自居的东罗马皇帝所不能容忍的。查士丁尼即位后，立志消灭信仰异端的蛮族国家，实现罗马帝国在政治和宗教上的统一。

东罗马帝国是古罗马帝国工商业繁荣的地区，首都君士坦丁堡位于亚欧大陆的交界处，可以收取高额的过路费，丝绸专卖使政府获利丰厚。查士丁尼又在全国征收土地税，每年可得黄金3000磅，使得东罗马帝国的经济实力非常强大。经过多年的准备，查士丁尼开始了自己雄心勃勃的复兴罗马帝国计划，发动了大规模的战争。

拜占庭的纯金皇冠闪闪发光，上面有珍珠、宝石和珠宝挂饰。它的珐琅饰板刻画了11世纪的皇帝迈克尔七世及基督和众神。

·永久和约·

公元6世纪初，波斯与拜占庭在领土问题上的矛盾激化，边境冲突不断。公元527年查士丁尼一世即位后，任命贝利萨留为统帅，与波斯开战。战争初期，拜占庭军失利。公元530年，波斯集中4万精兵进攻美索不达米亚重镇德拉。贝利萨留指挥训练很差的罗马人和雇佣兵一举挫败波斯军。翌年，双方转战叙利亚，互有胜负。查士丁尼为从日耳曼人手中夺回原属西罗马帝国的西欧、北非疆土，决定与波斯和解。公元532年，查士丁尼以向波斯赔款1.1万磅黄金为条件，与波斯王库斯鲁一世缔结停止战争的和约，史称“永久和约”。

为了解除后顾之忧，查士丁尼不惜赔款1.1万磅黄金，与波斯签订了“永久和约”。稳定了东方后，查士丁尼开始对西方发动大规模的战争。当时西部的外族国家，如汪达尔王国、东哥特王国、法兰克王国等国动荡不安，国内矛盾十分尖锐。这些外族王国文化落后，所以他们努力学习罗马的先进文化，受罗马文化影响很深，以至于他们认为罗马皇帝是人间的上帝。在东罗马帝国大军兵临城下的时候，他们不是联合起来共同对敌，反而互相掣肘，自相残杀。

公元533年，查士丁尼派大将贝利萨留率领1.6万人从君士坦丁堡出发，开始了长达20多年的征服战争。

贝利萨留大军的矛头首先指向的是北非的汪达尔王国。汪达尔人本来与东罗马帝国签订过和平条约，两国长期以来平安无事。但信仰阿利乌斯教派的汪达尔人无法容忍信仰基督教正统的罗马人，所以对汪达尔王国境内的罗马人大肆迫害，有的关进监狱，有的卖

10 世纪的拜占庭士兵，身着罗马“战裙”、护心，头戴铁盔，兵器在握，随时准备投入战斗。

为奴隶，并没收了罗马人的土地和财产。很多罗马人纷纷逃到君士坦丁堡，向查士丁尼求救，希望他能消灭蛮族、铲除异端，这正好给了查士丁尼一个发动战争的借口。

贝利萨留率领军队在北非登陆，向汪达尔王国的首都迦太基推进。此前，汪达尔国王盖利麦一直没有认真备战，听到东罗马人登陆的消息才匆忙率军前去迎战，双方在迦太基城附近展开决战。开始的时候汪达尔人占了上风，但盖利麦的兄弟不幸阵亡，悲伤过度的盖利麦抱着弟弟的尸体号啕大哭，竟然放弃了军队的指挥权。失去指挥的汪达尔大军顿时陷入了一片混乱之中，贝利萨留趁机发起反攻，东罗马人反败为胜。此后，汪达尔人再次进攻东罗马人，又遭失败。东罗马人攻陷迦太基，汪达尔王国灭亡。盖利麦带人逃到努米比亚，投奔了柏柏尔人。

查士丁尼把被汪达尔人剥夺的罗马人的财产全部归还，恢复了古罗马时代的旧制度。

征服汪达尔之后，查士丁尼又把矛头转向了东哥特王国。公元 535 年，查士丁尼以调解东哥特王国内部纷争和解救因不同信仰而被迫害的罗马人为借口，出兵被东哥特人占领的意大利。贝利萨留率领 8000 人先占领了西西里岛，很快又登陆意大利半岛。

东哥特国王迪奥达特惊惶失措，想向东罗马人投降，结果被部下所杀。东哥特人推举将军维提格斯为新国王。维提格斯决定避敌锋锐，率主力撤到北方的首都拉文那。公元536年12月，贝利萨留进军罗马，教皇和居民开城投降。

公元537年2月，维提格斯率军南下围攻罗马，贝利萨留坚守不战。东哥特人久攻不克，士气低落，再加上军中瘟疫，只好撤退。公元540年，贝利萨留率军北上，攻陷东哥特首都拉文那，俘虏维提格斯。公元545年，东哥特人在新国王托提拉的率领下攻陷罗马，但他却向查士丁尼求和，这给了东罗马人以喘息之机。公元552年，东罗马人在意大利中部塔地那战役大败东哥特人，托提拉阵亡。公元554年，东罗马人彻底消灭了东哥特的残部，收复了整个意大利半岛。同年，东罗马帝国又利用西哥特王国的内讧，占领了西班牙的东南沿海地区。至此，东罗马帝国恢复了大部分罗马帝国的版图。但东罗马军队在意大利疯狂的搜刮掠夺，不仅遭到蛮族而且也遭到罗马人的痛恨。

公元565年查士丁尼去世。不久，东罗马帝国被征服地区大都丧失。

戒日王

笈多王朝灭亡后，印度又陷入小国林立、混战不止的局面。经过多年的战争，出现了四大强国：以德里为中心的坦尼沙王国、以曲女城为中心的穆里克王国、恒河三角洲的高达王国和昌巴尔河流域的摩腊婆王国。其中坦尼沙和穆里克为一方，高达和摩腊

在佛教流行的同时，印度教也重新崛起。

婆结盟。

戒日王是坦尼沙国王波罗·瓦尔那的次子，他有一个哥哥和一个姐姐，哥哥罗贾伐弹那英勇善战，姐姐拉芝修黎嫁给了穆里克国王格拉巴伐尔曼，两国关系更加紧密。

公元604年，年仅15岁的戒日王随哥哥罗贾伐弹那率军征伐侵扰王国西部的白匈奴，不料老国王波罗·瓦尔那突然病逝。高达王国和摩腊婆王国联合起来，趁机进攻坦尼沙王国的盟国穆里克王国，穆里克国王格拉巴伐尔曼战败被杀，戒日王的姐姐、王后拉芝修黎被俘，穆里克王国灭亡。两国军队继续推进，直逼坦尼沙国。在这危急时刻，戒日王随哥哥罗贾伐弹那立即率军快速返回德里，罗贾伐弹那继承王位，率骑兵进攻曲女城，戒日王留守国内。罗贾伐弹那英勇善战，高达和摩腊婆联军大败。于是就派使者前去假装求和，毫无政治斗争经验的罗贾伐弹那放松了警惕，结果被高达国王设赏迦派人暗杀。坦尼沙军队顿时群龙无首，两国趁机发起进攻，坦尼沙军队由胜转败。

留守国内的戒日王立即登基，倾全国之兵与两国联军决一死战。在国破家亡的危局面前，坦尼沙士兵以一当十，奋勇作战，两国联军大败。就在戒日王取得节节胜利的时候，忽然得到姐姐拉芝修黎逃脱的消息。戒日王立即率兵撤出战场，四处寻找姐姐，终于在文迪亚山林中找到了她。没有了后顾之忧的戒日王率军重返战场，一再击败两国联军。穆里克王国复国，由戒日王的姐姐拉芝修黎担任女王，实权由戒日王掌握。公元 612 年，坦尼沙王国和穆里克王国正式合并，戒日王任国王，并迁都曲女城，这一年就是戒日王朝的开端。

为了报姐夫、哥哥被杀之仇和统一印度，戒日王积极扩充军备。他将全国军队分为象兵、车兵、骑兵和步兵四大兵种。象兵以大象为主要作战工具，大象身上披着厚厚的铠甲，象背上坐着一个象夫，指挥大象。作战时，象夫发号施令，一群大象嘶吼着，向敌人冲去。遇到敌人的步兵或骑兵，大象用鼻子卷起来一甩，就能将敌人摔出几丈远。

车兵是由 4 匹马拉着一辆车，车夫负责驾车，车上的士兵在敌人离得远时放箭，离得近时用长矛和刀剑劈刺。

骑兵和步兵都是身强力壮的年轻人，他们身穿重甲，手持盾牌和锋利的刀剑，勇猛善战。

凭借着这样一支军队，戒日王南征北战，四处征讨，开始了轰轰烈烈的统一印度的战争。位于印度东北的迦摩缕波王国和印度西部的伐腊比王国先后投降，但戒日王在进攻高达王国时遇到了激烈的抵抗。经过激战，戒日王朝的军队杀死高达国王设赏迦，高达国灭亡，戒日王统一了北印度。

随后，戒日王又把目光投向了南印度的遮娄其王国。戒日王率军抵达那马达河，遮娄其国王补罗稽舍二世率军严防死守，大败戒日王。戒日王只好与补罗稽舍二世议和，约定两国以那马达河为界，随后率军返回北印度，从此以后再也没有南征。但戒日王建立的戒日帝国是继孔雀王朝、笈多王朝之后又一个基本统一北印度的政权，在印度历史上他是与孔雀王朝的阿育王、笈多王朝的海护王齐名的人物。

戒日王笃信佛教，在全国各地建了大量的佛寺、佛塔，仅首都曲女城就建了100座佛寺。当时佛教各派别争论不休。戒日王就每5年举行一次“无遮大会”（宗教大会），让他们辩论。来自唐朝的高僧玄奘在大会上驳倒了所有的僧人，取得胜利。

公元641～647年，戒日王多次派使臣出使唐朝，唐太宗也派王玄策等人率领外交使团回访，戒日王亲自出迎，接受国书，并赠给中国火珠、郁金和菩提树等，与唐朝保持友好关系。

公元647年，戒日王去世，国内大乱，宰相阿罗那顺趁机篡位，戒日帝国由此瓦解，印度再次陷入分裂状态。

玄奘取经

玄奘从小聪明颖悟，对佛学非常感兴趣。父亲去世后，经常跟着在洛阳净土寺出家的哥哥去听高僧说法，逐渐有了出家的念头。玄奘13岁时，在净土寺剃度为僧，开始学习佛法。18岁时，玄奘为了躲避战乱辗转到了成都。5年后，东出剑门、三峡，开始到各地访求良师益友。10年后，玄奘已经精通了许多佛教典籍。公元627年，玄奘为了彻底解决对佛教教义的疑问，在

玄奘像

没有拿到通关证件的情况下，孤身一人踏上了西去印度求取佛法真经的万里征程。

玄奘西行，先后经过凉州、瓜州、玉门关、伊吾、高昌、焉耆、屈支、素叶、铁门关、吐火罗国等地，一路上风餐露宿，翻山越岭，穿越戈壁滩、大沙漠，最后终于到达了印度北部边境。

当时的印度分为东、西、南、北、中五部分，玄奘先到北印度的佛教圣地犍陀罗国，又长途跋涉来到上座部佛教的发源地迦湿弥罗国。玄奘在王城的韬耶因陀罗寺住了两年，向一位年近古稀的高僧学习上座部经典、声明学（语言文字学）和因明学（逻辑学），并遍读寺中的佛经。离开迦湿弥罗国后，玄奘途经戒日王朝国都曲女城，最后到达印度最大的佛教寺院、印度佛教的最高学府、学术文化的中心——那烂陀寺。在这里，玄奘拜寺院德高望重的住持戒贤法师为师，潜心研究佛法，学习《瑜伽论》。遍读所有的经论后，玄奘辞别戒贤法师到各地去游学。公元 640 年，玄奘回到那烂陀寺，戒贤法师让他主持全寺的讲席。

在此期间还发生了一件让玄奘名震异域的大事。公元 641 年，佛教界展开了一场大辩论。玄奘用梵文写书，驳倒了其他僧人。玄奘还被大家推举为主讲人，印度 18 个国家的各教派僧侣教徒 6000 多人前来赴会，赶来听中国的法师玄奘讲经说法的多达 5 万余人。

玄奘将其制作之文挂在会场门口，依照印度的习惯声明：“如果有人能找出一处谬误，当斩首以谢。”结果无人能够反驳玄奘，印度人对玄奘都心悦诚服。

于是，戒日王按照印度习俗，让辩论胜利者玄奘骑象游行一周。

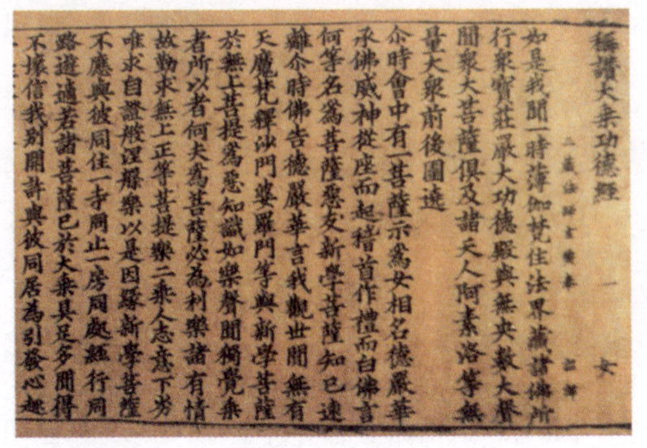
稱讚大乘功德經　一　女
三藏法師玄奘奉　詔譯
如是我聞一時薄伽梵住法界藏諸佛所
行衆寶莊嚴大功德殿與無央數大菩
聞衆大菩薩俱及諸天人阿素洛等無
量大衆前後圍遶
尒時會中有一菩薩示爲女相名德嚴華
承佛威神從座而起稽首作禮而白佛言
何等名爲菩薩惡友新學菩薩知已遠
離尒時佛告德嚴華言我觀世間無有
天魔梵釋沙門婆羅門等與新學菩薩
於無上菩提爲惡知識如樂聲聞獨覺乘
者所以者何夫爲菩薩必爲利樂諸有情
故勤求無上正等菩提樂二乘人志意下劣
唯求自證般涅槃樂以是因緣新學菩薩
不應與彼同住一寺同止一房同處經行同
路遊適若諸菩薩已於大乘具足多聞得
不壞信我則開許與彼同居爲引發心趣

玄奘译《功德经》内页

之后不久，玄奘踏上归途。公元645年，终于回到了阔别10多年的长安，并在弘福寺开始了大规模的佛经翻译事业。玄奘不仅精通佛教教义，而且通晓梵文。他遵循“既须求真，又须喻俗”的翻译原则，用了19年时间，主持翻译了佛教经论74部，1300多万字，是中国佛教翻译史上翻译最多的一个人，开启了我国翻译史的新时代。玄奘翻译的佛经不仅丰富了我国的文化宝库，还为印度保存了许多珍贵资料，应印度迦摩缕波国王之请，将中国古代的哲学巨著《老子》译成梵文，传到印度。玄奘的译著成为中印两大民族的共同遗产。

玄奘的《大唐西域记》记载了他亲身游历过的110个国家，以及他听说的28个国家的山川形势、地理位置、历史沿革、风土人情、宗教物产等，是研究中亚、南亚等国古代历史地理的重要文献。书中奇异惊险的故事成为作家们创作的素材，他们据此创作出许多文学作品，如《唐三藏西天取经》《西游记》等。近代的考古学者还曾经依据《大唐西域记》的记载，发掘出王舍城、那烂陀寺等遗迹，对于研究中亚、南亚的历史有着不可替代的重要意义。

玄奘毕生致力于佛教教义的研究和佛经翻译事业，为我国以及世界佛教的发展做出了巨大贡献。我国的法相宗就是在他的影响下出现的，而日、韩等国的法相宗也深受他的影响。

公元664年，玄奘病逝。

古代印度艺术

在古代印度的文学作品中，最著名的要数《摩诃婆罗多》和《罗摩衍那》这两部史诗。前者的基本内容大约形成于公元前5世纪，最后编订于公元4世纪，传说作者是毗耶娑（广博仙人）；后者的基本内容可能形成于公元前4世纪，最后编订于公元2世纪，传说作者是跋弥（音译）。

《摩诃婆罗多》(“摩诃”意为“伟大的”，“婆罗多”是古代印度的王族名）共有18篇，长达10万颂（一颂两行诗，每行16个音）。故事的主要内容是：古代印度的一个国王是瞎子，国事全由弟弟处理。国王有100个儿子，组成俱卢族。国王的弟弟有五个儿子，组成班度族。国王弟弟死后，他的五个儿子全由国王抚养。

·印度舞蹈·

舞蹈是印度古老信仰中最悠久的艺术，从最早的年代开始印度人就使舞蹈成为他们宗教生活的一部分。古印度人认为湿婆是音乐和舞蹈之神，她的舞蹈是宇宙能量的源泉，使宇宙处于永恒的运动之中，印度的神庙中有许多正在表演的舞蹈者的雕像。被永远定格下来的舞蹈者的舞步和舞姿依然为今日的同行所效仿。

《摩诃婆罗多》史诗

下图描绘了《摩诃婆罗多》史诗中讲述的般度族与居楼族之间的一场大战：站在马车上的射手是般度族的一位王子，毗湿奴的第八个化身黑天则伪装成一位驭手。上图中他和般度王子吹响了发出奇异声音的贝壳号角。此役双方都以严重的损失告终。

五个兄弟个个武艺高强，遭到俱卢族兄弟的嫉妒，一次又一次地受他们的迫害。双方各找了些盟国进行决战。印度半岛上几乎所有国家都参加了这次战争。战争进行了18天，俱卢族和18支盟军全被击溃，老国王的99个儿子都在战争中被杀死，太子逃脱后最后也被杀死。班度兄弟割下他的头颅，喝了他的血。由于相互残杀，血流成河，尸横遍野。班度兄弟决定与俱卢族讲和，化战争为和平，化仇恨为友谊。该史诗是一部诗体百科全书，汇集了当时印度的政治、经济、社会、历史、宗教、伦理、哲学、文学等方面的知识，为印度后世文学艺术创作提供了大量的素材。

《罗摩衍那》（亦译《腊玛延那》）意为“罗摩的漫游”。全诗共7篇，2.4万颂。写的是居萨罗国阿逾陀城十车王的儿子罗摩与妻子悉达悲欢离合的爱情故事。罗摩本应继承父位为王，但遭到继母陷害，被放逐到森林，并在那里住了 14 年。在此期间，他因经常追杀恶魔而激怒了魔王罗婆那，罗婆那设计将罗摩的妻子悉达劫往楞伽岛。后来罗摩在大猴王的帮助下，打败和杀死了魔王罗婆那，救出悉达，一起回国复位。这部史诗生动曲折，在艺术上独具特色，对世界文学产生了很大的影响。

《佛本生经》是一部民间故事集，它具有很高的艺术品位。该书有 500 多个故事，写的是佛陀前生前世的一些事迹。尽管一些故事被佛教徒进行过加工，但仍保留着民间故事的特征，其寓意深刻，爱憎分明。它约在公元前 3 世纪编成。

古代印度雄伟的建筑和精美的艺术，大都开始于孔雀王朝，其中以桑奇建造的大窣堵波（即佛塔）最为著名。这座名为桑奇大塔的建筑是一个直径约 36.6 米的半圆形房子，顶端有一平台，台上有一方坛，坛上立有伞形柱。该建筑是用来奉祀佛骨的，是敬拜佛的地方。大塔有 4 个大门，每个门雕刻着栩栩如生的以佛教为中心题材的画面。其中以大塔东门上的“树神托架像”最为典型。这位美丽的女神双手托着繁茂的大树，扭动的身躯形成“S”形，外轮廓线给人以节奏韵律感。这件人体雕像接近人体比例，具有写实性，对性部位也无遮掩，被誉为印度东方美的典型作品。

阿旃陀石窟是亚洲最早的石窟，始凿于公元前 1 世纪，完成于公元 7 世纪。阿旃陀石窟艺术是印度佛教艺术的集散地，是东方石窟艺术的源头。该石窟位于海德拉巴省温德亚山脉深山中，开凿在距地面 100 多米高的山腰间，共有 29 窟。阿旃陀石窟的雕刻从题材上分佛教造像、装饰纹样。其中佛教造像可分早中晚 3 期，由于风化严重，早期雕像已很难辨识，中期雕刻手法趋于成熟，出现了许多精品，如16窟中的说法佛、19窟中的列柱和板框上的采花女子像及蛇王像等，技艺精熟，为石窟造像之佼佼者。后期雕像，规模扩大，人物的刻画更加细腻精巧，形态也更加优美。壁画是阿旃陀石窟中最为人瞩目的艺术作品，是印度古代壁画的重要代表。画面上描绘的众多的妇女形象，体态丰满，姿态优雅，形象高贵典雅，反映了印度古典艺术的美学思想。早期壁画人物造型、表现技法较之同时代的其他遗迹中的佛教艺术，有明显的进步。中期壁画正值笈多王朝文化艺术的鼎盛时期，画面构图壮阔繁密，布局紧凑和谐，色彩典丽，注重人物的神情刻画和意境的表达，人物描绘手法精细，注重姿态的变化，其中女性的描绘尤其艳丽动人。另外，各窟的装饰壁画，如卷云、蔓草、莲花及小动物等，设计巧妙，想象丰富，色彩鲜艳，对比强烈。到了晚期，壁画创作在艺术上更臻完善。阿旃陀石窟是建筑、雕刻、绘画三种艺术完美结合的典范，是世界艺术的宝库。

日本大化革新

日本位于东海之中，是由本州、九州、四国等大岛和很多小岛组成的岛国。公元3世纪以后，本州岛出现了一个较强大的国家大和，它的最高统治者自称天皇。经过不断扩张，大和逐渐占领了很多地区。到公元5世纪时，大和已经统一了日本的大部分地区，定都平城京（今日本奈良）。

公元7世纪的时候，大和国的朝政被权臣苏我家族把持着。

苏我家族的族长苏我虾夷和他的儿子苏我入鹿架空天皇，疯狂兼并土地，激起了其他贵族，尤其是皇极女天皇的儿子——中大兄皇子的强烈不满。

大化革新时所绘制的地产地图

中大兄皇子经常接触一些从唐朝回来的留学生，从他们口中，中大兄皇子得知了唐朝的中央集权和繁荣富强，心中非常向往。为了夺回政权，中大兄皇子联络了一些同样对苏我家族势力不满的大臣，开始密谋除去苏我家族的势力。

公元645年六月，高句丽、新罗和百济三国的使者前来给大和国天皇进贡贡品。文武百官身穿朝服，肃立在两旁。大殿上只有天皇、苏我虾夷和苏我入鹿坐着。

这时，老奸巨猾的苏我虾夷忽然发现中大兄皇子没来，就懒洋洋地问皇极女天皇："中大兄皇子怎么没来啊？"

"哦，可能一会儿就到吧。"天皇有些害怕地说。

苏我虾夷早就知道中大兄皇子对自己家族把持朝政不满，又听说中大兄皇子最近在一个寺院操练军队，心中突然有一种不祥的预感。他站起身，说自己身体不适，要回去了。

临走时，他回头向儿子苏我入鹿使了个眼色，意思是要他注意点。苏我入鹿微微点了点头。

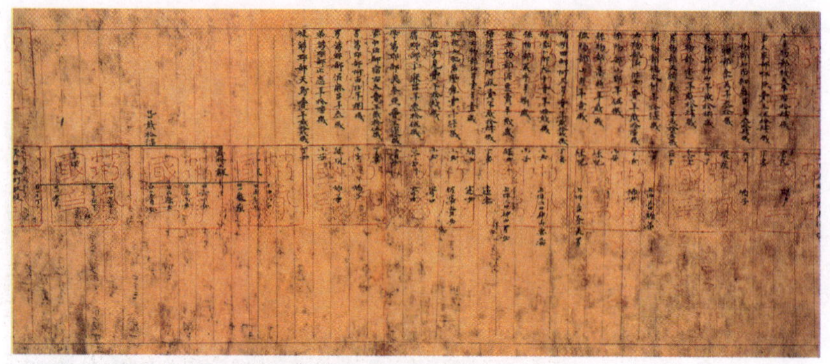

为了筹措资金，天皇对新的土地所有者征收赋税。此文件登记着筑前国的物部家族的27个成员的姓名、年龄以及每个人的纳税等级。

“使臣到！”随着朝官的禀报，大殿上鼓乐齐鸣，大臣们立在两旁。三国使者捧着贡品缓缓走进大殿。这时，苏我入鹿发现中大兄皇子竟然跟着三国使者一起走了进来。中大兄一走进大殿，就高声命令侍卫把大殿的大门关上，任何人不得进出。

“你在搞什么名堂！”苏我入鹿非常生气，站起来大声斥责中大兄皇子。

大中兄皇子也不答话，猛地拔出刀，冲上前去，向苏我入鹿猛砍。苏我入鹿大吃一惊，急忙拔刀自卫。没过几个回合，苏我入鹿的刀就被中大兄皇子震落。苏我入鹿见大势不好，急忙向门口冲去，中大兄皇子一个箭步冲上去，将刀刺入了他的后背。苏我入鹿惨叫一声，趴在地上一动不动。

大殿上的文武百官吓得脸都白了，躲在角落里恐惧地看着这一幕，简直不敢相信自己的眼睛。三国使者捧着贡品，立在大殿上吓得一动都不敢动。杀死苏我入鹿后，中大兄皇子大喊一声，大殿外的侍卫一拥而入，将投靠苏我家族的大臣五花大绑，押了下去。

中大兄皇子笑着对三国使者说："现在没事了，给天皇献贡品吧。"三国使者这才哆哆嗦嗦地走上前，给天皇献上贡品后，急急忙忙退出了大殿。

中大兄皇子立即冲出大殿，跨上战马，率领宫廷卫队直奔苏我家，同时派人占领京城的交通要道。苏我虾夷的家臣和卫队早就不满他们父子的恶行，见了中大兄皇子的军队一哄而散，众叛亲离的苏我虾夷在绝望中自杀。

政变后的第三天，中大兄皇子逼迫自己的母亲皇极女天皇退位，拥立自己的舅舅登基，就是孝德天皇，自己以皇太子的身份摄政，开始启用从唐朝归来的留学生。孝德天皇即位后，迁都难波（今大阪），仿效唐朝建年号"大化"。

公元646年，孝德天皇颁布《改新诏书》，仿效唐朝进行改革，史称"大化革新"。新政权废除了奴隶主贵族世袭制，改为封建的中央集权官僚制度；废除奴隶主贵族私自占有土地和拥有部民（奴隶）的制度，土地收归国有，贵族以后从国家那里领取俸禄，部民改称公民，从属国家；建立从中央到地方的行政组织和军事、交通制度，将兵权收归国有；实行班田收授法，每6年授田一次，土地不得买卖，死后国家收回，受田人必须承担一定的租税和徭役。

大化革新是日本历史上一个的重要事件。通过大化革新，抑制了奴隶主贵族的特权，解放了部民，完善了国家制度，促进了日本生产力的发展，是日本从奴隶社会走向封建社会的转折点。

鉴真东渡

鉴真（公元688～763年），俗姓淳于，扬州江阳县（今江苏扬州）人。他父亲是个虔诚的佛教居士，经常到扬州大云寺拜佛。在家庭的影响下，鉴真从小就对佛教产生浓厚兴趣。

鉴真14岁那年，有一次随父亲到大云寺拜佛，被庄重、慈祥的佛像所感动，随即向父亲提出要求出家为僧。父亲见他心意已决，就同意了。于是鉴真拜大云寺智满禅师为师，法名鉴真。18岁又拜道岸律师为师，立志弘扬佛法。两年后，鉴真随道岸律师到长安、洛阳与高僧学习佛法。在学习佛法的同时，他对建筑、医药等也很有研究。在长安期间，鉴真还曾入宫为唐中宗讲佛法。

26岁的时候，鉴真回到了扬州。此时，他已经成为对佛学具有很深造诣的高僧，担任扬州大明寺住持。他还筹划修缮了崇福寺、奉

·绳文式和弥生式文化·

日本最古的文化是新石器时代文化，第一个新石器文化遗址是于1877年发现的大森贝冢（在今东京境内）。考古发掘表明，大约一两万年到9000年前，日本人民已能制造磨光石器和黑色陶器。这种陶器用手捏制，外部带有草绳花纹，被称为“绳文陶器”。故这一时期的文化也被称为“绳文式文化”。大约从公元前300年到公元300年，日本进入弥生式文化时期。这一时期发掘出的陶器的特点是器身薄硬，形状统一，颜色为褐色。弥生式文化时代，日本农业有所进步，主要种植作物是水稻。

法寺的大殿。鉴真在扬州当了40年的住持，弘扬佛法，收了4万门徒，弟子遍布江南，其中不少人成为高僧，江淮人称他为“授大师”。

唐朝时候，中国在各方面都领先于世界，所以世界上很多国家都派留学生来中国学习。日本经常向唐朝派遣唐使，每次都有很多留学生随同前来，返回时也都有学成的留学生一同回国。

每次随遣唐使来中国的留学生少的一二十人，多的二三十人。这些留学生在中国少的住上几年，多的甚至住了40年。他们回国后，大力传播中国的先进文化，积极推动日本社会文化的发展。

天宝元年（公元742年），日本的两位僧人荣睿、普照随遣唐使来到中国学习佛法。一次偶然的机会，他们认识了鉴真的徒弟道航，知道了鉴真。两人特地从长安赶到扬州拜见鉴真。听了鉴真大师宣讲的佛法后，荣睿和普照大为感动，十分敬服。从此两人就在扬州住了下来，随鉴真学习佛法。

在学习的过程中，两人越发感到鉴真见识的渊博，于是萌生了请鉴真到日本传播佛法的想法。两人向鉴真说了他们的心愿，当时鉴真已经55岁了，为了弘扬佛法，传播中国的先进文化，欣然接受了邀请，决定东渡日本。

第一次东渡是在公元742年冬。鉴真和21名弟子，以及4名日本僧人准备东渡。当时唐朝政府严禁私自出国，但日本僧人有宰相李林甫的公

日本奈良法隆寺内的五重塔

函，因此地方官员没有阻拦。临行前，鉴真的弟子道航和师弟如海开玩笑说:“只有我们这些修行深的人才可以去弘扬佛法，像你这样修行浅的就不要去了。”如海听了非常生气，就跑到官府诬告道航等人出海是为了勾结海盗攻打扬州。官府大惊，逮捕了所有的僧人，虽然后来查明真相，但是却没收了船只。第一次东渡就这样失败了。

第二次东渡是在公元744年，鉴真和14名僧人、85名工匠，买了一艘船，再次出海。结果刚到长江口就被风浪打沉，船修复出海后又遭大风，漂到舟山群岛一小岛，5天后他们返回余姚（今浙江宁波）阿育王寺。由于各地寺院纷纷邀请鉴真前去讲法，第二次东渡也搁下了。

第三次东渡。越州（今浙江绍兴）僧人为了挽留鉴真，向官府控告日本僧人荣睿，官府将荣睿投入大牢。鉴真只好作罢。

第四次东渡。鉴真的徒弟灵佑担心师父安危，苦劝官府，希望官府能够阻拦。结果在官府的阻拦下，鉴真又没有去成。

第五次东渡。鉴真等人乘船出海，结果遇上大风，将他们吹到了海南岛。1年多之后，鉴真等人才返回扬州。5次东渡的挫折，再加上鉴真已是63岁的老人，他得了眼病，不久就失明了。但鉴

日本奈良唐招提寺

真志向不改，发誓一定要去日本。

公元753年，鉴真终于随日本遣唐使一起抵达日本，受到日本举国上下的热烈欢迎。日本天皇封他为大僧都，成为日本律宗（佛教的一支）始祖。

鉴真到日本后，除了传播佛法，他随行的人员还将中华建筑、医药、雕刻、绘画等技术传授给日本人，日本医道把鉴真奉为医药始祖，药袋上都贴有鉴真的图像。鉴真在日本生活了10年，于公元763年在日本首都奈良唐招提寺面向西方安详圆寂，终年76岁。

郭沫若曾写诗称赞："鉴真盲目航东海，一片精诚照太清。舍己为人传道艺，唐风洋溢奈良城。"

攻占叙利亚

公元633年秋，3000名阿拉伯人从阿拉伯半岛出发，向北方的叙利亚进发。在死海南面的洼地上，阿拉伯远征军与东罗马军队展开了一场大战，东罗马军队几乎全军覆没。东罗马皇帝闻讯大怒，派自己的弟弟率领大批军队前来反击。这

骑马的倭马亚王朝哈里发复原图
阿拉伯是游牧民族，军队以骑兵和骆驼兵为主，主要武器是投枪，擅长沙漠作战，军队组织严密，骑兵部队机动快速，从而能达成作战的突然性。但阿拉伯军队不善用弓、剑、长矛和攻城器械，攻城的方法只是强攻、策反和封锁。

阿拉伯的行政官员管理着帝国每一个角落，在那里发行各式各样的货币。

一次，东罗马军队将阿拉伯远征军打败了。

哈里发伯克尔当然不会认输，他立即命令正在伊拉克作战的哈立德再次进攻叙利亚。为了出其不意地打击东罗马军，哈立德决定率军横穿大沙漠，奇袭叙利亚的首府大马士革，然后挥师东进，进攻东罗马的军队。

公元634年初，哈立德挑选了800精锐骑兵，每人骑着一匹骆驼，只带少量的马匹出发。每匹马上都放着两个装满水的大皮囊。

“尊敬的将军，我们骑兵都是骑马打仗的。现在只有几匹马，我们怎么打仗啊？”一个战士非常困惑。

“只有骆驼才能穿越干旱的大沙漠，马不行。”哈立德说。

骑兵们骑着骆驼在大沙漠中整整走了一天，又饥又渴。哈立德命令将士们停下休息。

经过艰苦跋涉，哈立德的骑兵终于走出了沙漠。东罗马军队根本没有料到阿拉伯人的援军来得这么快，以为他们是从天而降，顿时乱了阵脚。哈立德将这一地区的阿拉伯军队划归自己统一指挥，阿拉伯军队士气大振，接连打败东罗马军队，将叙利亚首府大马士革围得水泄不通。

一年以后，大马士革城内的粮食已经吃光了，可东罗马的援军还没来，城中的居民决定向哈立德投降。第二天，大马士革的大主教代表全体大马士革居民，站在城头向哈立德喊话：“尊敬的哈立德将军，胜利已经在您的眼前，如果我们放弃抵抗，您是否能保证我们大马士革人民的生命安全？”

哈立德骑着马来到城下，对大主教喊：“只要你们投降，我向你们保证，决不会伤害你们！并保证你们的财产和教堂，决不进入你们的房屋。只要你们缴纳少量的人头税！”大主教觉得这个条件完全可以接受，就与哈立德签订了和约。阿拉伯人浩浩荡荡地开进了大马士革。

东罗马皇帝不甘心失去叙利亚，他和弟弟率领10万大军进攻哈立德，企图收复大马士革。当时哈立德手下只有2万人，敌众我寡。为了避敌锋锐，哈立德主动放弃大马士革，退到约旦河的支流雅尔穆克河一带，东罗马军队不费吹灰之力就占领了大马士革。东罗马皇帝下令继续进军，企图一举歼灭阿拉伯人。

公元636年8月，双方展开了决战。东罗马军队虽然多，但大部分都是抓来的奴隶，用铁索捆着被押上战场的。阿拉伯人虽然人数少，但士气高昂。

结果一经交战，东罗马军队被消灭了7万多人，连东罗马皇帝的弟弟都被杀了。东罗马的皇帝狼狈逃回君士坦丁堡，他哀叹道：“多么美丽的叙利亚啊，可惜已经属于阿拉伯人了。”

此后，阿拉伯人乘胜进军，占领了大片领土，建立了一个地跨亚、非、欧三洲的大帝国。

“医中之王”阿维森纳

阿维森纳又名伊本·西拿，公元980年出生在阿拉伯帝国布

阿维森纳

阿维森纳是一位在阿拉伯帝国工作的波斯人。他的著作《医典》在若干世纪里被阿拉伯世界和欧洲的人们广为使用。

哈拉（今中亚乌兹别克斯坦境内）附近的一个小镇上，他的父亲是一名有学识的税务官。阿维森纳兄弟三人，他排行老二。

阿维森纳从小就聪明好学，10岁的时候，他就学完了学校里的所有课程，并能背诵许多阿拉伯文学著作。后来在一位哲学老师的指导下，阿维森纳开始学习古希腊的医学、数学、哲学和天文学著作，为日后成为一名著名的医学家打下了坚实的基础。

由于阿维森纳聪明过人，再加上他勤奋努力，16岁的时候已经成为一个小有名气的医生了。一次，国王突然得了一种奇怪的病，整天胡言乱语，疯疯癫癫。御医们绞尽脑汁，使出浑身解数也没有治好国王的病。王室又派人从各地请来许多名医，还是没有治好国王的病。当时年仅18岁的阿维森纳听说后，自告奋勇前往王宫，请求给国王治病。很多行医几十年的著名医生都没有办法，更何况一个十八九岁的年轻人？王宫的侍卫根本不让阿维森纳进去，任凭他怎么说也不行。阿维森纳只好拿出纸和笔，将药方写下来，请侍卫传给御医。侍卫见他态度诚恳，就将药方传了进去。御医们一看，非常吃惊，急忙让侍卫把阿维森纳带进来。在阿维森纳的治疗下，不几天，国王的病就大大减轻，一个月后彻底好了。

为了感谢阿维森纳，国王任命他为御医，并赐给他很多金钱。

阿维森纳请求国王允许他去王宫的图书馆读书，国王答应了。在当时，只有非常有学问的人才可能进入王室图书馆。阿维森纳抓住这个机会，每天很早就来到图书馆，直到天黑才回去。困了，就小睡一会儿；渴了，就喝点果酒；饿了，就吃点东西；天黑了，点根蜡烛继续学习。在不长的时间内，阿维森纳就把图书馆里所有的书都看完了。从此以后，阿维森纳的学识更加渊博，医术更加高明。人们纷纷来找他看病，连很多有名的医生也前来向他学习。后来这座图书馆发生了火灾，成千上万册的图书被烧毁。人们虽然很惋惜，但也感到非常庆幸，都说："智慧的宝藏并没有毁灭，它早已转移到'学者大师'阿维森纳的大脑中去了。"

后来布哈拉遇到了战乱，阿维森纳背井离乡，开始了长达 15 年的四处流浪、江湖行医的生活。1014 年，阿维森纳定居哈马丹（在今伊朗境内）。国王的侄子得了怪病，整天躺在床上不吃不喝，只是望着天花板发呆。王宫里的御医们都束手无策，只好请阿维森纳来。阿维森纳坐在王侄的床边给他一边给他号脉，一边让一个熟悉哈马丹情况的人大声说出每条大街小巷的名字。当说到一条大街时，王侄的脉搏突然剧烈跳动了一下。阿维森纳让那人把这条街上的人名挨个说一遍。当说到一个姑娘的名字时，王侄的脉搏跳得更剧烈了。阿维森纳站起身，对国王说："这个年轻人得了相思病，最好的治疗方法就是让他和心爱的人结婚，否则他就会因为悲伤而死去。"国王听了，只好同意。王侄听说可以和自己心爱的人结婚的消息，病很快就痊愈了。王宫里的御医对阿维森纳佩服得五体投地。

国王听说阿维森纳非常博学，就任命他为宰相。但由于他为人刚正不阿，不善于应酬，因此得罪了朝中权贵，经常受到排挤。有一次，国家发生动乱，王室卫队诬陷他暗藏奸党，突然闯进他家，把财物洗劫一空。幸好阿维森纳从后门逃走，才逃过一劫。国王死后，王子们为争夺王位展开激烈的斗争。有人指控阿维森纳散布邪教，他因此入狱。直到新国王登基，查明真相后，才被释放出来。出狱后，阿维森纳被任命为国王的随从医官和科学顾问。

为了探索医学的奥秘和解除人们的痛苦，阿维森纳笔耕不辍。他先后写成《医典》《活着的人们，死亡之子》《指导大全》和《心脏病的治疗》等几十种作品。晚年，他白日行医，给人治病和著书立说，晚上给徒弟们上课。由于劳累过度，再加上经常亲身试药，他的身体日渐衰弱。1037 年，阿维森纳以军医的身份随军出征，不幸病死，年仅 57 岁。至今伊朗的哈马丹还有他的坟墓。

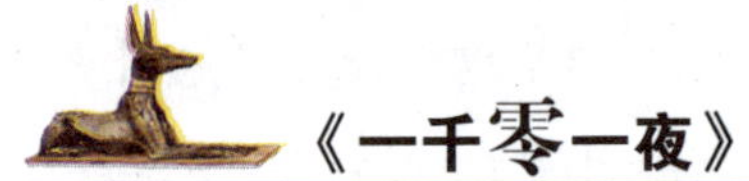

《一千零一夜》

古时候，在中国和印度之间有个叫萨桑的岛国，国王叫山鲁亚。一天，国王看见王后和奴仆们说笑，怀疑王后有不贞行为，于是就杀掉了她。从此以后，国王每天都要娶一个新娘，第二天早晨就把新娘杀死。

就这样国王一连娶了 1000 个女子，又杀了 1000 个女子。老百姓纷纷带着女儿逃出京城。国王命令宰相每天要送一个女子进宫，否则就将他治罪。可有女儿的老百姓早已逃得一干二净，去哪里找啊？宰相愁眉苦脸地回到家里，他的女儿桑鲁卓问道：“爸爸，你遇到什么事了？”

宰相说：“国王要每天娶一个新娘子，可有女儿的人家都逃走了，我去哪里去找啊？”

一艘由阿拉伯人乘坐、印度船员掌舵的船只正航行到他们已知世界的各个地方去做生意。

桑鲁卓不仅美貌出众，而且博学多才，非常聪明。为了救父亲和国内年轻的姐妹，她毅然要求进宫。宰相起初不同意，但看到女儿心意已决，只好同意。

到了晚上，桑鲁卓对国王说：“尊敬的陛下，请允许我给您讲一个故事吧。”国王答应了。桑鲁卓就开始讲故事，国王被故事曲折动人的情节深深打动了，故事还没有讲完，天就亮了。桑鲁卓对国王说：“尊敬的国王，如果您能够开恩不杀我的话，那么明天晚上我会给您把故事讲完，还要再讲一个更精彩的故事！”国王同意了。

到了晚上，桑鲁卓给国王把昨晚的故事讲完，接着又讲了一个精彩的故事，国王听得入迷了，讲到最精彩处，恰好又到了天亮。桑鲁卓又说：“尊敬的国王，如果您能开恩不杀我的话，明天晚上我会给您完，再讲一个更精彩的故事。”国王为了听故事，又没有杀桑鲁卓。从此以后，桑鲁卓每天夜里都给国王讲一个曲折离奇、引人入胜的故事，一直讲了1001夜。终于，国王幡然醒悟，发誓以后再也不乱杀人了，随即册封桑鲁卓为皇后，并与她白头偕老。

后人就把桑鲁卓讲的故事收集起来，编成了《一千零一夜》，我国又称为《天方夜谭》。

举世闻名的阿拉伯文学是世界文学艺术宝库之一，其中对世界文学有重要贡献的要数《一千零一夜》。它是中世纪中期近东各国、阿拉伯地区广大艺人、文人、学士经过几百年收集、加工、提炼、编纂而成的。这部书以6世纪的波斯故事为线索，吸收了印度、希腊、希伯来、埃及等地的童话和寓言故事，到14世纪最后编定，成为一部童话和故事集。其中的故事很富于启迪意义，在许多篇章中歌颂了劳动人民纯朴善良的高尚品质和爱憎分明的感情，揭露和鞭笞了封建社会的黑暗。《一千零一夜》描述的新兴阿拉伯商人经商航海、追求财富的冒险故事也精彩纷呈。同时，也反映了阿拉伯世界各民族人民的社会生活与风俗习惯，是研究阿拉伯历史的宝贵参考资料。可以说，《一千零一夜》是世界文学史上的一颗明珠，它对后来西方各国的文学、音乐、戏剧和绘画都产生了深远的影响。

阿拉伯艺术也别具特色，这在其建筑中表现得尤为突出。由于禁止偶像崇拜，人物和动物的造型艺术比较缺乏。

为了弥补这方面的不足，艺术家独具匠心，利用阿拉伯字母和几何图案进行巧妙构思，使阿拉伯的绘画、雕刻、镶嵌艺术具有抽象化的特点。阿拉伯建筑艺术对欧洲产生了深刻的影响。

阿拉伯人既是文化的创造者，也是文化的传播者，中国古代的罗盘针、造纸术、火药和印度的代数学、十进位法，都是通过阿拉伯人传到西方的。同时，阿拉伯人在古希腊、古罗马文化与欧洲文艺复兴之间建立了纵向联系，在欧洲文化发展史上也起到了承前启后的作用。

《一千零一夜》中有很多精彩的故事，比如《阿拉丁神灯》《阿里巴巴和四十大盗》《渔翁和金鱼的故事》《辛伯达航海旅行的故事》等，都是其中的名篇。

查理大帝

圣诞节之夜，罗马圣彼得大教堂灯火辉煌，装饰一新。随着庄严的音乐声响起，高大魁梧、仪态威严的国王开始在圣坛前做祈祷。站在一旁的教皇把一顶金冠戴在了他的头上，并带头高呼："上帝为查理皇帝加冕，敬祝他万寿无疆和永远胜利！"众位教士也跟着欢呼起来。这就是当时开始称霸西欧的法兰克国王查理一世加冕的盛况。

查理，或称查理曼，出生于公元742年，其父矮子丕平当时是法兰克王国墨洛温王朝的宫相（相当于中国的宰相）。丕平是位很有谋略的政治家，在他的影响下，查理从小便渴望拥有权力。公元751年，丕平建立了加洛林王朝，查理和哥哥卡洛曼一起被确立为王位

查理大帝崇尚武力，公元8世纪，他曾向南征服伦巴德武士，向北打败了撒克逊人，是欧洲历史上最伟大的政治人物之一。

公元800年圣诞日，教皇利奥三世在罗马圣彼得教堂为查理加冕称帝，宣称这个外族首领为“伟大的罗马人皇帝”，标志着西欧基督教化即罗马和日耳曼的融化基本完成。有人认为查理大帝的加冕标志着神圣罗马帝国的开端，然而大多数人还是认为那时的帝国应该叫法兰克帝国。

继承人。查理经常随父亲四处征战，积累了丰富的军事经验。公元768年，他的父亲患水肿病死于巴黎，留下查理和卡洛曼两个儿子，法兰克人召开民众大会，推举这两兄弟为国王，平分全部国土。但卡洛曼放弃了对王国的监管，进修道院当了僧侣，三年后去世。公元771年，查理被拥戴为法兰克唯一的国王。

查理对基督教极为热诚和虔信，在他统治时期，曾下令教会和修院办学，并在宫中成立学院，广泛招聘僧侣学者前来讲学。他还从中等人家和低微门第人家中挑选子弟，与贵族子弟共同接受教育，甚至任命出身贫穷、学习优异的青年教士为主教。

查理不仅大力推行文化教育，他本人也酷爱学术。他喜欢历史，研究天文学，还向旅行家学习地理知识，并喜欢听文法演讲，甚至编了一本日耳曼语文法。他曾经与聘请来的各国著名学者组成小团体，与其中每个成员都平等相待、自由交往，并以绰号代替真名，查理就给自己取了一个“戴维德”的名字。

在定都亚琛后，他大兴土木，修建了许多金碧辉煌的宫殿和教堂，所有的大理石柱都是从遥远的罗马等地拆除古代建筑运来的。随着建筑的兴盛，绘画、雕刻等艺术也有所发展。查理还派人搜集和抄写了许多拉丁文和希腊文手稿，虽然他对抄本内容一无所知，但为后代保留了许多古典作家的著作。因为查理大帝统治的王朝叫加洛林王朝，所以后来的历史学家又把查理时代的文化繁荣称为“加洛林文化”。

查理统治法兰克王国时期，开始了大规模的扩张领土行动。他是个典型的中世纪骑士，身材魁梧，精力过人，从不知疲劳，把一生的大部分时间都用在了战争上。他一生共发动了 50 多次远征，并亲自参加了其中 30 次远征。

公元 774 年，查理出兵意大利北部，征服了伦巴德人。随后他又跨过易北河，与撒克逊人展开了长达 33 年的拉锯式战争，并最后征服撒克逊人，迫使他们改信基督教。对撒克逊人的征服使基督教的传播范围空前扩大，查理在基督教世界的威望也与日俱增。公元 778 年，查理率军进入伊比利亚半岛，打败统治西班牙的阿拉伯人，攻克巴塞罗那城。

·《凡尔登条约》·

查理之子“虔诚者”路易在位时（公元 814 ~ 840 年），他的儿子就曾举行叛乱。路易死后，长子罗退尔即位，另外两个儿子日耳曼人路易和“秃头”查理联合起来反对罗退尔，内战爆发。公元 842 年，罗退尔战败求和。公元 843 年，兄弟三人在凡尔登签订条约。根据条约，法兰克王国一分为三，这个条约就是《凡尔登条约》。三人还约定，罗退尔仍保留皇帝称号，“秃头”查理和日耳曼人路易则有国王的称号。

通过几十年的征战，法兰克王国领土已经扩大到了相当于今天的法国、瑞士、荷兰、比利时、奥地利以及德国、意大利的大部分地区，成为当时欧洲空前强大的国家。公元800年，查理进军罗马，援救被罗马贵族驱逐的教皇利奥三世，并被教皇加冕为“罗马人皇帝”。从此，法兰克王国成为“查理帝国”，查理国王则成了“查理大帝”。他把自己的帝国当作古代罗马帝国的继续，有些历史学家甚至认为，查理的加冕标志着神圣罗马帝国的诞生。

到晚年时，他的军队已无力再继续征伐，甚至对阿拉伯人的侵扰也无能为力。年迈的查理已无当年的雄心壮志，把希望寄托在儿子身上。公元814年，查理大帝因病逝世，他的儿子“虔诚者”路易继位。“虔诚者”路易死后不久，他的三个儿子缔结和约，把帝国一分为三。以后的西欧几个主要国家就是在此基础上逐渐发展起来的：东法兰克王国形成了以后的德国，西法兰克形成了以后的法国，东、西部之间偏南的地区形成了以后的意大利。法兰克人的语言也出现明显的分化，逐步形成了法语、德语和其他西欧国家的民族语言。

诺曼征服战

英国自公元789年便成为维京人疯狂劫掠的目标，1013年，丹麦王斯汶大举入侵不列颠，攻占了伦敦，建立了包括英国、丹麦和挪威在内的北欧帝国。丹麦王国衰落后，长期流亡在诺曼底的英国王子爱德华被迎回英国，继承了王位。爱德华曾宣誓永保童贞，因而没有儿子，在表弟诺曼底公爵威廉访问英国时，爱德华将王位继承权暗许给威廉，但在他临终时，却由哈罗德继承了王位。诺曼底公爵威廉听说后极不甘心，决定以武力夺回王位继承权。

在一副以鲸鱼骨雕成的早期盎格鲁－撒克逊基督徒的棺材上，留有罗马异教与基督教的象征符号的奇异混合，显示了公元 8 世纪早期不列颠文化中的复杂性。

威廉以讨伐背信弃义的篡位者为名在欧洲各国进行游说，得到了教皇、神圣罗马帝国皇帝和丹麦国王的支持，教皇还赐给他一面神圣的“圣旗”。不久，威廉便组织了一支 6000 余人的军队，其中有 2000 余名骑兵、3000 余名步兵和 450 艘战舰。整个部队集结在索姆河口的圣瓦莱里，只等风向转南即可出发。

1066 年 9 月 27 日，威廉下令横渡英吉利海峡，向英国挺进。而这时，英国国王哈罗德正在约克庆祝胜利。原来，当威廉正积极准备攻打英国的时候，挪威国王哈拉尔和托斯蒂格联合在一起，入侵英格兰北部的约克。托斯蒂格想向哈罗德要求王位的继承权，而哈拉尔却想趁火打劫。他们一路烧杀抢掠，向约克前进。哈罗德听到哈拉尔入侵的消息后，立即率兵救援约克。经过一场苦战，敌军全部被歼，哈拉尔和托斯蒂格也被杀。

9 月 28 日，威廉顺利渡过海峡并在佩文西登陆，在黑斯廷斯建立营地，并开始向四周洗劫，用来补给。10 月 1 日，哈罗德闻讯赶紧率领亲兵返回伦敦，11 月 13 日夜，哈罗德率领各地兵力 6000 余人，到达巴特尔，并占据了附近的一个高地，威廉的军队也向这边前进。14 日，双方会战开始，哈罗德在山冈的顶部指挥，两侧是他的亲兵，山脊的两翼则主要为民兵。为防止骑兵的冲击，哈罗德将士兵组成一个“防盾的墙壁”，两翼又有险陡的洼地防止威廉军迂回攻击，这样，哈罗德军队就能有效地维持阵形。威廉将部队排成左中右三部分，每一部分又有三个梯队，前面为弓弩兵，中间是重装备步兵，后面为骑兵，而队伍的正前方，打出了教皇赐予的“圣旗”。

威廉军队开始缓缓向山坡进攻，直扑英军的盾墙。两军接近时，威廉军前面的弓弩手开始进攻，但由于地势处下风，并没有给对方造成太多的伤亡。而英勇的英军则向威廉军投掷长矛、标枪和石块，犹如疾雨，对威廉军造成极大的威胁，造成了严重伤亡。威廉军左路兵向山坡进攻，英军突然从上而下猛攻下来，左路军队随之溃逃，对中路军的士气造成了很大影响。威廉重新排好阵形，让骑兵分成小队，试图攻破盾墙，但英军的步兵手持战斧，打得诺曼骑兵纷纷落马，败阵而逃。

黑斯廷斯战役挂毯画

威廉一世在这场战役中实现了“诺曼征服”，建立了诺曼王朝。

威廉见无法攻破盾墙，急中生智，决定佯退，以引诱英军离开山坡。他先让步兵撤回安全地带，再让骑兵引诱英军。原本占上风的哈罗德见对方伤亡惨重开始全线撤退，认为这是消灭威廉的大好机会。于是，哈罗德命军队全线压上，向前迅速追击。威廉继续后退，从谷底退向山坡，步兵却向两侧转移。等到占据居高临下的有利地势后，威廉立即下令进行反攻。这时，英军的盾墙因为移动而漏洞百出。诺曼军一鼓作气杀入英军，哈罗德猝不及防，被砍死。失去主帅的英军溃不成军，威廉最终赢得了会战的胜利。

接着，威廉大军直逼伦敦，势不可挡。伦敦早已做好了投降的准备，威廉如愿以偿地登上了英国的王位。

诺曼征服战后，封建制度移植到英国，英国建立起中央集权政府。从此，英国历史上的诺曼王朝开始了。

圣像破坏运动

公元 8 世纪的时候，拜占庭帝国（东罗马帝国）处于内忧外患之中。外患是阿拉伯帝国的崛起，不断蚕食拜占庭帝国的领土。在与阿拉伯人的战斗中，拜占庭帝国一再失败。内忧则是教会。拜占庭帝国信仰基督正教，教会占有大片的土地和财富，疯狂地聚敛钱财，他们从不参加劳动，也不缴税，还享有种种特权。与此同时，帝国内无地或少地的平民却越来越多。这导致了帝国劳动力和兵源锐减，引起了国库空虚的拜占庭帝国政府的不满和社会各阶层的怨恨。随着势力不断膨胀，教会的野心也越来越大，甚至想控制帝国政府，这引起了帝国统治阶级的高度戒备。

公元716年，在阿拉伯人的不断进攻下，拜占庭帝国的亚洲部分几乎丧失殆尽。阿拉伯人趁势水陆并进，围攻拜占庭帝国的首都君士坦丁堡。城中军民一片恐慌，拜占庭皇帝狄奥多西急得像热锅上的蚂蚁。这时候，拜占庭小亚细亚总督利奥站了出来。

利奥是个颇有野心的人，出生在叙利亚。当年，他向拜占庭帝国皇帝进献500只羊，因而受到了重用。后来利奥凭借自己的军功步步高升，当上了小亚细亚总督。拜占庭帝国的很多皇帝都是靠军功步步高升，最后发动政变当上皇帝的。在利奥看来，阿拉伯人的进攻倒是给了自己一个当皇帝的机会。

利奥率领部队击退了阿拉伯人的进攻。随后，他带着亲兵卫队，强迫皇帝狄奥多西退位，他本人登上了宝座。公元717年，不甘失败的阿拉伯人出动20万大军、1800艘战舰，再次进逼君士坦丁堡。利奥立即部署兵力，凭借君士坦丁堡高大的城墙与阿拉伯人周旋，同时派人向保加利亚求援。在海上，虽然拜占庭的舰队比阿拉伯人的要少得多，但他们毫不畏惧。快接近阿拉伯人的舰队时，拜占庭军舰上的弩炮和弓箭一起发射，火箭像雨点一样飞向阿拉伯人的舰队。阿拉伯人急忙用水救火，可奇怪的是火遇水反而着得更旺，不一会儿，阿拉伯的舰队就被烧了个精光。原来，拜占庭人用了一种秘密武器——希腊火（今已失传）。陆上的保加利亚援军也趁机进攻阿拉伯人，最后阿拉伯的20万大军只剩下5艘战舰和不到3万人，大败而回。

击败阿拉伯人的进攻后，利奥急需巩固自己的统治，这首先就要拿出金钱或土地，奖励作战有功的将士，以换取他们继续支持自己。于是利奥开始打教会的主意，早期的基督教强调精神信仰，禁止偶像崇拜。但后来基督教逐渐走上了偶像崇拜的道路，在修道院供奉起了圣像和圣人遗骨。利奥以此借口，于公元 726 年，宣布反对圣像崇拜，发起了声势浩大的“圣像破坏运动”。

位于伯利恒的圣诞大教堂中的圣母与圣子像，类似的圣像所引发的矛盾成为从公元 726 年开始分裂拜占庭帝国的主要原因。这一年，皇帝利奥三世谴责那些对圣像礼拜的人为盲目的圣像崇拜者。东正教徒因此事陷入严重的分裂中，直到公元 843 年官方恢复圣像崇拜为止。

圣像破坏运动得到了军事贵族、广大士兵、平民和一些开明僧侣的支持，但遭到高级教士、旧贵族及修士们的激烈反对，双方的斗争十分激烈。利奥下令取缔圣像、圣物、圣迹崇拜，对教会严加控制，强行没收教会、修道院占有的大片土地和财产，强迫僧侣还俗参加生产劳动，承担国家赋税和徭役。反对派则组织起来，发动武装叛乱。

公元 731 年，主张圣像崇拜的罗马教皇宣布开除利奥三世和所有圣像破坏者的教籍，而利奥则针锋相对，毫不示弱，宣布剥夺罗马教皇在意大利南部的征税权和对伊利里亚的管辖权。利奥去世后，君士坦丁五世继位，圣像破坏运动达到高潮。当时，拜占庭大规模没收教产分赠新兴的军事贵族和士兵，驱逐甚至处决敢于反对的教士。公元 787 年，伊琳娜女皇召开尼西亚宗教会议，谴责破坏圣像的行为，圣像破坏运动一度停止，但利奥五世即位后又恢复了这一运动。公元843年秋天，狄奥多拉宣布恢复圣像崇拜，该运动彻底宣告结束。

在这场运动中，以利奥为首的一些军事贵族和士兵得到了大片土地，拜占庭帝国的国库大大充实，拜占庭帝国又重新崛起。

基辅罗斯的盛衰

斯拉夫人是居住在欧洲的一个古老的民族。他们身材高大，吃苦耐劳，在公元八九世纪的时候，他们建立了很多以城市为中心的公国（国家元首是公爵，又称大公），其中以北部的诺夫哥罗德公国最强大。

公元9世纪末，诺夫哥罗德公国的大公奥列格率领大军南下，攻占了基辅，并占领了附近的广大地区，建立了基辅罗斯（罗斯是斯拉夫人的自称），就任第一任“罗斯大公”。奥列格凭借着强大的武力不断向外扩张，占领了大片的领土，使基辅罗斯成为欧洲的一个强国。他死后，继任的是伊戈尔。伊戈尔为了对外继续武力扩张，对内残酷剥削，激起了老百姓的强烈不满。

每年冬季，伊戈尔都要带着大批士兵到各个村子挨家挨户地征收毛皮、蜂蜜、粮食等“贡物”，然后在第二年春天乘船顺着第聂伯河而下，运到拜占庭去卖，换取丝绸、呢绒、香料和金银器皿等物。

公元945年的一天，伊戈尔又带领士兵去村子里征收“贡物”。士兵们把大量的贡物装上车准备返回基辅的时候，伊戈尔脸上露出了不满的神情："今年的贡物怎么这么少？走，再去村子里转转。"说完带着几个士兵再次来到村子里。

村民看到伊戈尔又回来了，都非常气愤。一个老人说："豺狼都有来找牛羊的习惯，乡亲们，你们说我们该怎么办？"

"杀死这群恶狼！"村民们都愤怒地说。

当伊戈尔发现一大群村民拿着斧头、大棒向他冲过来，还抖着威风说："你们想干什么？想造反吗？"话刚落音，村民们就围着伊戈尔和几个士兵你一斧头、我一棒子将他们打得稀烂，伊戈尔当场毙命。

伊戈尔死后，他的妻子奥莉佳摄政。她是个心狠手辣的女人，派出了大批军队，血洗了村庄，将老幼妇孺统统杀死，将年轻人统统卖为奴隶，最后将村庄付之一炬，烧成了灰烬。伊戈尔的儿子斯维亚托斯拉夫长大后成为基辅罗斯的大公。他比伊戈尔更崇尚武力，据说他剃着光头，只留一撮头发，耳朵上戴着一个大耳环，狰狞可怕。他经常拿着一把大刀率领士兵动征西讨，来去如风，打仗时他从来不带辎重和炊具，就靠掠夺。他身体强壮，常常以马鞍为枕头，席地而睡，吃半生不熟的马肉。

基辅的圣索菲亚大教堂

公元967年，斯维亚托斯拉夫

和拜占庭帝国结盟，共同攻打保加利亚，大获全胜，占领了保加利亚的首都。斯维亚托斯拉夫被胜利冲昏了头脑，他妄想在保加利亚的首都住下来，然后再进攻拜占庭帝国和西欧。

“到那个时候，希腊的黄金、捷克的白银、匈牙利的战马、拜占庭的丝绸……一切好东西都任我享用！哈哈哈哈！”他有点得意忘形。

但是拜占庭帝国的突袭打碎了斯维亚托斯拉夫的美梦。原来拜占庭帝国一直对基辅罗斯充满戒心，害怕它强大后会进攻自己，于是派遣军队袭击了它。斯维亚托斯拉夫没有防备，仓促迎战，被打得大败，只好率领残兵败将狼狈逃回基辅。

为了免除后患，拜占庭帝国把斯维亚托斯拉夫的行踪告诉了基辅罗斯的敌人突厥人。突厥人在半路上伏击了斯维亚托斯拉夫，这支刚被打败的军队根本无力迎战，结果全军覆没。突厥人还将斯维亚托斯拉夫的头割下来，当成盛酒的容器。

从此以后，基辅罗斯元气大伤，一蹶不振，国家分裂成三个小国，混战达 40 多年，同时南方草原的突厥人也不断袭击它们，掠夺它们的财产，杀死它们的人民，给罗斯人带来的深重的灾难。

在突厥人的打击下，基辅罗斯最终解体了，分裂成了许多公国。13 世纪时，基辅罗斯被蒙古人征服。

美洲玛雅文化

玛雅人是印第安人的一支，生活在今墨西哥南部的尤卡坦半岛和中美洲一带，创造了辉煌的文明。

玛雅人是美洲唯一留下文字的民族。早在公元1世纪的时候，玛雅人就已经发明了象形文字。玛雅人的词汇非常丰富，大概有3000多个，是一种非常成熟的文字。当时文字被祭司垄断，祭司用头发制成毛笔，用无花果树的树皮做成纸，将他们的历法、编年史、祈祷文、风俗、科学、神话等记录下来。可惜的是，西班牙入侵美洲后，认为玛雅人的书是"魔鬼的书籍"，强迫玛雅人将他们的历史文献交上来，然后付之一炬，给后世的研究工作造成了无可挽回的巨大的损失，现在存留下来的玛雅文抄本仅有3部。除了这3本书之外，考古学家们还在玛雅古城的废墟中挖掘出了大量的石碑，古城中城墙上、宫殿上、庙宇中，还刻有大量的文字。

玛雅人的天文学知识非常丰富。他们已经计算出太阳年的时间是365.2420日，这个结果在当时是遥遥领先于世界其他民族的。玛雅人将一年分为18个月，每个月20天，另外还有5天禁忌日，一共365天。墨西哥海岸的玛雅人金字塔中供奉着365个神像，象征着一年365天。玛雅人的历法与农业息息相关，分为"播种月""收割月""举火月"（用火烧

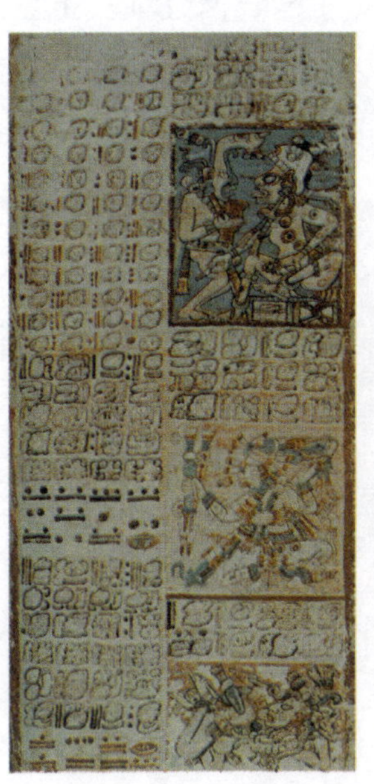

玛雅手稿
材料为树皮，以黑红两种颜料写成，其中方中带圆的符号即为玛雅人的象形文字。

玛雅人的算术图谱

荒地）等。他们可以精确地算出日食发生的时间，可以算出月亮和星星的运转周期。而且玛雅人测出金星的运转周期为584天，比现在科学家测出的583.92天只差了一点点。

在数学方面，玛雅人也取得了辉煌的成就。他们用点表示一，用横表示五，画一个贝壳表示零。玛雅人的零的概念虽然比印度人要晚，但却比欧洲人早800年。当欧洲人还在将165记成“100加上60再加上5”的时候，玛雅人已经开始直接使用1、6、5三个符号表示了。

玛雅人在农业上为世界人民做出了巨大的贡献。他们培植出了玉米、西红柿、土豆、红薯、辣椒、南瓜等农作物。后来，这些农作物传遍了全世界。

玛雅士兵雕像

在建筑方面，玛雅人也成就非凡。在古埃及，金字塔是法老的坟墓，而玛雅人的金字塔则是祭坛。玛雅金字塔高达几十米，全部用巨大的石头砌成，四周有阶梯，装饰着精美的浮雕，一直通到塔顶，塔顶是祭祀用的祭坛。在发掘的一座玛雅人城市的中央广场周围，建造有四座高大的神庙，最高的达75米。神庙呈三角形，顶上建有一座神殿，气势雄伟。玛雅人每隔20年就在城市里树立一根石柱，上面刻满了象形文字，记载了这20年里发生的大事。迄今为止，一共发现了几百个柱子，最早的石柱建于公元292年。公元800年后，玛雅文明突然衰落，再没有树立石柱。此后，玛雅文字失传，玛雅人的后代在文化方面已经退化，对他们伟大祖先创造的辉煌文化一无所知。

玛雅文明是美洲古代印第安文明的杰出代表，吸引着一代又一代的历史学家前去研究。

到加纳做生意

生活在撒哈拉以南的是黑人，所以撒哈拉以南的非洲又称为"黑非洲"。

在古代，黑非洲有一个加纳王国，以盛产黄金而闻名于世。为了赚取高额利润，很多阿拉伯商人不惜冒着生命危险，穿越茫茫的撒哈拉大沙漠，来这里做生意。

11世纪的时候，一个叫贝克利的摩洛哥学者对这个黄金之国产生了浓厚的兴趣，正巧他的一位朋友要去加纳做生意，贝克利就随商队一起出发了。

无边无际的撒哈拉大沙漠，一眼望不到边，沙漠中没有一株植物，有的只是渴死的人和骆驼的白骨，令人不寒而栗。贝克利朋友的商队里有很多的骆驼，除了货物之外，还驮着大量盛着清水的皮囊。经过了几个月的长途跋涉，一天早上，朋友指着南方的一片黑影对贝克利说："看！奥达格斯特到了。"朋友向贝克利解释，奥达格斯特是黄金之国加纳北方的一个边境城市，是北方的门户。所有来加纳做生意的阿拉伯商人都要经过这里，缴纳进口货物的税款。看到奥达格斯特，商队里的阿拉伯人顿时发出一阵欢呼，因为他们终于走出了撒哈拉大沙漠。大家振奋精神，赶着骆驼，很快来到了城下。

来到城门口，他们看到很多商队正在排队进城。城门口是加纳的税务官，负责征收进入加纳的货物的税款。按照规定，商人运进一驮（一头骆驼所驮的货物）食盐征收 1 个金币，运出一驮食盐要征收 2 个金币，一驮铜征收 5 个金币，一驮杂货则要征收 10 个金币。过了一会儿，轮到贝克利朋友的商队缴纳税款了。税务官仔细检查了他们所携带的货物，征收了金币后就让他们进城了。

货物交易的场所不在奥达格斯特，而在加纳的首都昆比（今马里共和国首都巴马科以北），所以商队稍事休息后，马不停蹄地向昆比赶去。

贝克利骑在骆驼上，仔细观赏加纳的风土人情。在通往昆比的大路两旁，有很多村庄，村庄里盖着一座座圆形的草房子。黑人男子都不留胡子，女子都不留头发，他们手持农具在田间地头辛勤地劳作着，庄稼长势喜人。在河边，有很多黑人正在淘金。向朋友打听之后贝克利才知道，原来在加纳，从山里开采出来的大块黄金都归国王所有，而平民只能得到从沙石里淘取的少量的黄金。国王拥有很多的黄金，最大的一块可以做拴马石。

经过几天的跋涉，商队终于来到昆比。昆比有 3 万人，是一个大城市，有宽阔的街道，高大的建筑。经朋友介绍，贝克利才知道，原来昆比分为两部分，一部分专供来加纳做生意的阿拉伯人居住；另一部分是加纳国王居住的地方，由高大豪华的宫殿和一些圆顶的官邸组成。

忽然贝克利听到一阵欢快的鼓声，街上的人们纷纷站在路旁，兴奋地望着鼓声传来的方向。“是国王巡游！”朋友一边拉着贝克利站到路边，一边对他说。

表现加纳人淘洗金沙的图画

只见两排雄赳赳气昂昂的士兵手持长矛走在前面开道，命令百姓回避。国王骑着一匹高头大马，头上戴着一顶高大的黄金王冠，脖子上带着金项链，手腕上带着金手镯，身上的衣服更是镶满了黄金。贝克利仔细一看，连马鞍都是黄金的！真不愧是“黄金之国”的国王啊！

第二天一大早，贝克利就和朋友来到市场做生意。市场是一片大空地，商人们把食盐、铜、布匹等物放在地上，然后离开。不一会儿，加纳人走上前，来到自己看中的货物前，放下一定数量的黄金，然后离开。这时阿拉伯人回到自己的货摊前，如果觉得满意，就拿起黄金离开；如果不满意，就退回去。加纳人又走过来，如果看见货物旁边的黄金被拿走了，就表示成交了，就把货物拿走。如果黄金没有拿走，就表示货物的主任嫌出价太低，要求加钱，这时加纳人就可以选择继续加钱或放弃购买。阿拉伯人把这种做生意的方式叫“哑巴交易”。

贝克利的朋友对这次交易非常满意，过了几天，他们买了当地的象牙等物品后就回国了。回到国内，贝克利根据自己在黄金之国的所见所闻，写成了《非洲见闻》一书，成为对非洲古代文明较早的记载。

欧洲的教会

在古代东方，皇帝、国王是一国之主，说一不二。但在中世纪的欧洲，势力最大的不是皇帝、国王，而是教皇。为什么会出现这种情况呢？

罗马帝国的末期，罗马皇帝为了从精神上控制人民，巩固自己的统治，大力宣传基督教。基督教因此发展很快，传遍了罗马帝国全境，并按照罗马帝国的行省分为很多个教区。其中首都罗马教区的地位最高，它的教长称为教皇。罗马帝国灭亡以后，欧洲进入了中世纪。在中世纪，欧洲各个王国之间和内部混战不休，社会动荡，局势混乱。由于欧洲的各个民族都信奉基督教，教会在人民中的影响很大，有时只有教会才能组织起群众。在基督教的传说中，耶稣最重要的门徒彼得是第一任教皇。耶稣把象征统治世界的钥匙交给他时说："凡是你在地上

装饰豪华的《福音书》象牙装订板

捆绑的，上帝都要捆绑；凡是你在地上释放的，上帝都要释放。”每一个基督教徒都要对耶稣的话绝对服从，所以教徒们也绝对服从教皇。

各国国王为了维持自己的统治，纷纷支持教会。法兰克的“矮子丕平”在教皇和教会的支持下，当上了法兰克王国的国王。为了报答教皇，他两次进军意大利，击败了威胁教皇的伦巴德人，把占领的伦巴德王国的领土献给教皇，教皇就在这块土地上建立了教皇国，史称“丕平献土”。从此以后，教皇既是基督教的最高领袖，又是教皇国的君主，势力更加强大了。公元800年的圣诞节，丕平的儿子查理来到罗马的圣彼得大教堂。在他祈祷的时候，教皇突然把一顶皇冠戴在查理的头上，并大声宣布：“上帝为查理皇帝加冕，祝他万寿无疆，保佑他永远胜利！”查理又惊又喜，从此以后就正式称为皇帝，成为教皇的忠实保护者。

中世纪的时候，欧洲人绝大多数目不识丁，甚至连国王、贵族都不会写自己的名字。在识字的人中，教士占了大多数。他们以《圣经》为最高真理，只传播符合基督教教义的文化知识，所有的文学、艺术、法律、哲学，统统都是为教会和神学服务的。一个人从出生、长大、成年、结婚、生子、老死，处处都要受到教会的控制。如果有人胆敢违反教会的教条，将会寸步难行，甚至会被关进教会的监狱，处以残酷的刑罚。最严重的惩罚是被开除教籍，如果一个人失去教籍，那么这个人就会失去一切社会关系和地位，失去一切保障。普通老百姓要是失去了教籍，就会倾家荡产；国王失去了教籍，就会失去王位，所以每个人都害怕教皇。

由于以上种种原因，教皇凌驾于欧洲各国皇帝、国王之上。

皇帝、国王登基，必须由教皇进行加冕才算合法；与教皇同行时，教皇骑马，皇帝和国王则要步行。觐见教皇时，皇帝、国王必须下跪行礼，以示尊敬。

教皇任命了很多教区的主教，在各国建立了很多教堂、修道院和神学院。行走于中世纪的城市和乡村，最高大、最宏伟的建筑就是教堂。教皇不仅直接统治着教皇国，他还通过各国的主教霸占了西欧各国1/3的最好的土地，残酷地剥削耕种这些土地上的农民。

每年各国的居民都要向教皇缴纳“什一税”，就是每人把收入的1/10交给教会，还要应付教会的种种临时摊派。为了聚敛钱财，教士们挖空心思搜刮人民的钱财，“赎罪券”就是其中之一。按基督教的说法，人生来就是有罪的，要想死后进入天堂，必须忏悔并做善功赎罪，但仅有这些还是不够的，所以必须购买赎罪券来弥补。

在西欧各国，尤其是富裕的德意志地区，教士们走街串巷，像小贩一样高声叫卖赎罪券。教士们说，购买赎罪券后，将钱币投入教会的钱箱中，当听到“叮当”一声时，这个人的灵魂就得救了。教皇和教士们靠剥削和欺骗，聚敛了大量的钱财，过着非常奢侈的生活。

教皇和教会在中世纪不断发展壮大，成为西欧封建社会的支柱和最大的封建主。

卡诺莎之行

在中世纪的欧洲，原先各国主教的任免权都掌握在各国皇帝、国王的手里，罗马教廷无权干涉。对此，罗马教廷一直心怀不满，时刻想改变这种状况。1056 年，年仅 6 岁的亨利登上德国皇帝的宝座，他就是亨利四世。罗马教廷欺负亨利四世年纪小，就趁机反对德国皇帝任免主教，以削弱德国皇帝的权力。1073 年，新当选的教皇格列高利七世发布教皇令，宣布教皇的权力高于一切，不仅可以任免主教，还可以惩罚、审判和任免皇帝、国王，但谁也不能审判教皇。西欧各国的皇帝、国王虽然对此不满，但由于害怕教皇的强大势力，只好表示赞成。当亨利四世 23 岁时，年轻气盛的他再也无法忍受教皇对自己的限制了，于是一场教皇的教权和皇帝的王权之间的激烈冲突爆发了。

1075 年，亨利四世无视教皇禁止各国国王任免主教的禁令，一口气任命很多德国境内的主教。教皇得知后，写信给亨利四世，要他立即撤销委任，并写信忏悔，否则就开除他的教籍。亨利四世对此不屑一顾，还召开宗教大会，宣布废黜教皇，并写信辱骂教皇。教皇大怒，宣布开除亨利的教籍，剥夺他的皇帝资格，并

在奥托之后，所有的德国国王都由教皇加冕，拥有“神圣罗马皇帝”的称号，图为加冕后的奥托三世接受朝拜。

亨利四世跪求教皇

号召德国人和西欧各国反对亨利。德国国内一些反对亨利四世的贵族和教士纷纷站出来，要求亨利放弃皇帝的职位，宣布效忠教皇，并且在一年内求得教皇的赦免令，否则就将剥夺他的皇帝资格。这时西欧各国的国王也纷纷表示拥护教皇，反对亨利四世，亨利四世一下子陷入了四面楚歌的境地。不久亨利四世听到了一个更不幸的消息：教皇已经到达意大利北部的卡诺莎城堡，等候德国反对亨利的贵族派军队来接他去参加制裁亨利的会议。

亨利四世冷静地分析了一下自己目前的处境，觉得现在还没有同教皇抗衡的能力，眼下最要紧的就是保住自己的皇位。

1077 年 1 月，亨利四世带着妻儿和几个贵族，前去卡诺莎城堡向教皇谢罪求饶。当时大雪纷飞，寒风呼啸，滴水成冰，亨利等人艰难地翻过阿尔卑斯山，来到了卡诺莎城堡。按照当时谢罪的规定，亨利摘下了皮帽、脱掉了大衣和靴子，披上了一条忏悔罪人用的麻衣，跪在城堡外的雪地里，向教皇忏悔。

连续三天，亨利在冰天雪地里冻得瑟瑟发抖，痛哭流涕地表示对教皇忏悔。到了第四天，教皇才勉强接见亨利。

看着跪在地上的亨利，教皇仍旧怒气难消。他冷哼一声说："我已经开除了你的教籍，你不是已经废黜了我、骂我是假僧侣吗？那你还来干什么？”

亨利诚惶诚恐地说：“尊敬的教皇，我已经承认自己的错误了。我是特地赶来向您忏悔的，请您原谅我的无知和狂妄，请您宽恕我。我已经撤销了冒犯您的命令，并写了服从您的保证书，请您过目。”说完，亨利从怀中掏出几张纸，哆哆嗦嗦递给教皇。

教皇这才满意，在场的主教和贵族也都纷纷表示愿意为亨利作证。亨利当场写了一份誓词，表示永远忠于上帝，永远忠于教皇。恢复教籍后，亨利就离开了卡诺莎城堡，回德国去了。在西方，“卡诺莎之行”就是投降的代名词。

回到德国以后，亨利卧薪尝胆，力量逐渐壮大，消灭了德国境内的反对势力。1080 年，感到上当的教皇又一次开除了亨利的教籍。这时，羽翼丰满的亨利也再次宣布废黜教皇，并率兵进攻意大利，围攻罗马。教皇仓皇南逃，不久病死。

《自由大宪章》

在英国首都伦敦西北 30 千米处的泰晤士河畔耸立着一座温莎古堡。古堡周围绿草成茵，不远处是大片茂密的森林，宛如一个美妙的童话世界。

1215 年 6 月 15 日的早晨，一阵清脆的马蹄声打破了早晨的宁静，一群贵族骑着马来到温莎古堡外，摆上了一张桌子和几把椅子，然后站在那里静静等候。而他们身后的不远处的茂密森林里，隐藏着几千身穿重甲、手拿利剑的士兵。

上午 9 点，“吱呀”一声，厚重的古堡大门缓缓打开，英国国王约翰在教皇的使者、坎特伯雷大主教和卫士们的陪同下，缓缓来到桌子前。贵族们一起向约翰行礼，约翰漫不经心地下了马，坐到了一把椅子上。贵族们则坐到约翰的对面。一个贵族从怀里掏出一张羊皮纸，递给约翰，说:“国王陛下，请您过目。”约翰接过来，漫不经心地看着，但越看越生气，脸色变得铁青。

“啪！”的一声，约翰把羊皮纸拍在桌子上，猛地站起身来，对贵族们大声咆哮:“我是你们的国王！难道我还要受到你们的限制吗？”

“国王陛下，我们是英国所有贵族的代表，这张羊皮纸上的要求是我们一致提出的。您必须接受，必须在上面签字，否则我们将不再承认您是我们的国王！”贵族们毫不退缩，针锋相对地说。这时，国王的侍卫长快步来到国王身边，在他耳边悄悄说了几句话。约翰的脸色“刷”地一下变得惨白，他的双眼恐惧地望着远处的森林，隐隐约约可以看见刀光剑影。冷汗一下子从他的额头冒了出来，再看看那些贵族们，似乎是有备而来。约翰一下子瘫坐在椅子上，叹了一口气说:“好吧，我答应你们的条件，同意签字，只要你们承认我是你们的国王。”贵族们一听，欣喜万分，一个贵族快步

·《自由大宪章》的主要内容·

国王尊重教会的选举自由不受侵犯；归还以前国王侵占的领主土地、抵押物和契据；不经领主代表会议同意，国王无权增加税款和征收税款；不经领主法庭的同意，国王不得任意逮捕贵族和剥夺他们的土地、财产；保障领主和骑士的采邑继承权。大宪章还规定，从大封建主中选出 25 名代表，组成大宪章监督委员会，以监督国王执行大宪章的情况。

英国国王约翰像

走上前去，递给国王一根鹅毛笔。约翰接过笔，飞快地在羊皮纸上签了字，然后狠狠地把鹅毛笔摔在桌子上，站起身骑上马，头也不回地回温莎古堡去了。贵族们拿着羊皮纸，发出阵阵欢呼。

国王是一国之君，地位至高无上，怎么还有人敢向国王提出条件呢？这就要从头说起。英国国王亨利二世年老体弱，认为自己已经不可能再有儿子了，所以他就把自己的土地和财产分给了 5 个儿子。没想到 1167 年的圣诞夜，他的妻子竟然又给他生了一个儿子，老亨利惊喜万分。因为儿子和上帝的儿子耶稣同一天出生，所以老亨利非常溺爱他，给他取名约翰。由于老亨利已经将所有的土地和财产都分给了其他 5 个儿子，小约翰已经无地可封了，所以家人都叫他“无地王约翰”。

亨利二世死后，他的第三个儿子狮心王理查继承王位。狮心王理查在位 10 年，绝大部分时间都在国外打仗，并于 1199 年战死。狮心王理查死后，英国王位出现两名继承人——约翰和他的侄子亚瑟。约翰用武力囚禁了亚瑟，不久亚瑟就音信全无，约翰顺利登上了王位。人们引论纷纷，认为是约翰杀死了亚瑟。

约翰在位期间，为争夺诺曼底，同法国展开了一场大战，结果以惨败而告终。英国丧失了在欧洲大陆的全部领地。

在内政方面，约翰横征暴敛，引起了贵族、市民们的强烈不满，贵族们纷纷割据。英国大主教病死后，在继任的人选上，约翰和教皇英诺森三世又产生了激烈的冲突。为了教训一下约翰，教皇下令全英国的教士一律停止活动。在长达6年的时间里，英国的教堂全部关闭，死者不能安葬，而且不能举行最后的弥撒，人们认为他们死去的亲人没能进入天堂，而是进入了地狱，因此痛恨约翰。约翰陷入了众叛亲离的境地。

在约翰外出期间，贵族和教士秘密协商，要制定一项法律保护自己的权益。于是《自由大宪章》诞生了，并强迫约翰在上面签字。

《自由大宪章》开创了国王权力受法律约束的先例，成为人类历史上宪法的雏形。《自由大宪章》至今还陈列在大英博物馆中。

“阿维农之囚”

13世纪的时候，西欧的国家特别是法国崛起了。法国国王腓力四世凭借强大的武力，强行夺取了很多公爵的领地，进一步扩大了王权。腓力四世野心勃勃，想让整个法兰西只听从自己一个人的命令。但法国人都信仰天主教，很多传教士都只听从罗马教皇的命令，对腓力四世不屑一顾，这让腓力四世非常恼火。他决心凭借自己的强大实力，做一个真正意义上的法国国王！

由于连年发动战争，法国军费开支巨大。为了弥补军费开支，腓力四世决定向法国的教会征税。在以前，拥有大量土地和财产的教会是不向所在国的国王纳税的，他们只向教皇纳税，腓力四世的这个决定大大损害了教皇的利益。教皇卜尼法斯八世非常生气，下了一道命令，重申教会只向教皇纳税，各国国王无权向教会征税。

桀骜不驯的腓力四世立即针锋相对地发布了一道命令，没有国王的许可，严禁法国的金银、马匹、货物出口。命令虽然没有提到教皇，但实际上却切断了法国教会和贵族向教皇缴税的道路，断了教皇在法国的财源。卜尼法斯八世无可奈何，只好同意腓力四世向教会征税。

教皇格列高利一世的象牙雕像
公元 590 ~ 604 年，作为教皇，他的严厉施行宗教信条与政治上的敏锐极大地加强了罗马教皇的权力，他的传教热情使基督教信仰传遍西方文明世界的最远边界。其后的每一位教皇都力图使教权的影响力高于王权，在中世纪的欧洲，教权与王权从未停止过斗争。

但卜尼法斯八世不甘心失败，他决心捍卫教皇的利益，而腓力四世也不满足自己取得利益，还想进一步扩大。于是，教皇的神权和国王的王权之间的斗争更加激烈。腓力四世准备制定一个法令，以限制教皇在法国境内的权力。卜尼法斯八世听说后，急忙派法国的大主教前去干涉。法国大主教仗着有教皇撑腰，狐假虎威，在腓力四世面前趾高气扬，不可一世。腓力四世刚开始默不作声，后来实在忍无可忍，下令士兵把大主教抓起来，投入了监狱，随后交给法庭审判。

听到这个消息后，卜尼法斯八世气得七窍生烟。他一连发了三道教皇令，指责腓力四世犯了严重错误，声称只有罗马教廷才有权力审判大主教，并宣布取消腓力四世向教会征税的特权。腓力四世也不甘示弱，他当众烧掉了教皇令，并向在场的所有人郑重宣布，从今以后，除了上帝，他和他的子孙决不屈服于任何外来的势力。

为了彻底让法国的教会势力服从于国王，1302 年，腓力四世在巴黎圣母院召开了法国历史上第一次由贵族、教士和市民三个等级参加的会议。在会议上，腓力联合贵族和市民两个阶级，迫使教士们向国王效忠。

卜尼法斯八世气急败坏，立即下令开除腓力四世的教籍。不料，腓力四世根本不吃这一套，他列举了卜尼法斯八世的 29 条罪状，宣布要以法国国王的名义在法国审判教皇，并派军队去罗马逮捕教皇。

1303 年 9 月的一天，卜尼法斯八世正在开会，准备对腓力四世进行惩罚。正在这时，一群法国士兵闯了进来。领头的法国军官说:“奉法国国王的命令，我们要逮捕教皇卜尼法斯八世去法国受审！”整整三天，卜尼法斯八世脸色苍白，浑身颤抖，躺在床上不吃不喝，受尽了法国人的侮辱和戏弄。虽然后来他被营救出来了，但由于气愤、惊吓和刺激，75 岁高龄的卜尼法斯八世不久就死了。当时的人们这样评价他：爬上教皇位子的时候像只狐狸，行使职权的时候像头狮子，死的时候却像条狗。

在和教皇斗争中大获全胜的腓力四世并不满足，他把法国籍的一个大主教扶上教皇的位置，即克雷芒五世，从此教皇成了腓力四世的傀儡。克雷芒五世长期居住在法国而不回罗马，后来索性将罗马教廷迁到了法国南部的小城阿维农。从此，罗马教廷凌驾于国王之上的时代一去不复返了。历史学家把70多年里居住在阿维农的7位教皇称为“阿维农之囚”。

封君、封臣和骑士

西罗马帝国衰落后，北方的外族纷纷涌入罗马帝国境内。这些外族虽然政治、经济、文化落后，但是军事力量却很强大，后来西罗马帝国就被这些外族灭亡。外族们在帝国的废墟上建立了大大小小的王国，这些外族的首领们也摇身一变，成了皇帝、国王。为了统治他们的王国，这些外族的皇帝和国王们把大片的土地分封给公爵、侯爵、伯爵等大封建主或者有功的将军，以换取他们对自己的忠诚。这些分封的土地被称为“采邑”。这些大封建主和将军们也可以把自己受封的土地作为采邑再封给子爵和男爵等中等封建主和自己的家臣、部将，而这些中等封建主和家臣、部将还可以把土地封给最低的封建

卡尔卡松城堡

这座围起来的城堡现在看起来仍跟中世纪时没什么差别。由于坚固的防护，征服其唯一的办法只能是断绝其居民的粮食。

主——骑士。每个分封土地的人都是受封人的“封君”，每个受封土地的人都是分封土地人的“封臣”。采邑原来只是封给封臣本人，他死后采邑将重新归还给封君。但到了后来，封臣死后，他的子女可以继承采邑。就这样，中世纪的欧洲形成了一种金字塔结构的等级制度。金字塔的顶端是就是皇帝，第二层是皇帝直接分封的贵族和主教，第三层是骑士、官吏、市民和手艺人，第四层是农民，金字塔的最底层是农奴。

在受封时，封君和封臣要举行隆重的分封仪式。封臣跪在封君面前，双手合掌放在封君手里，宣誓：“您的敌人就是我的敌人，您的朋友就是我的朋友。在您需要时，我愿永远效忠和随时效劳。”封君赐给封臣一小块泥土、树枝或茅草，象征被分封的土地。受封后，封臣必须履行相应的义务，比如封君打仗时要出兵帮助，一般每年不超过40天；如果封君被俘，要缴纳赎金；封君的长女出嫁、长子行骑士礼时也要交纳一笔钱，称为献金；出席封

这幅弗兰德尔绘画反映了典型的封建庄园生活，贵族庄园主正和他的总管商量收获葡萄，农民则锄地、采果实、修枝等。

君的法庭，帮助封君解决争讼等。

在这些一级一级的封臣中，他们只效忠于直接分封给他们土地的封君，而对上一级的封君，只有名义上的服从义务。这些上一级的封君不能直接控制和指挥他们，称为“我的附庸的附庸，不是我的附庸”。

在这些封臣中，骑士的地位最低、数量最多。封建主的子孙从小就要接受严格的骑士教育。要想成为一名真正的骑士必须经过侍童（七八岁以后）、扈从（十四五岁以后）和骑士（21岁以后）三个阶段的骑士教育。

在侍童阶段，封建主们将自己的孩子送到权势高的领主城堡中当侍童干杂活，并从领主夫人或女儿那里学习一些骑士礼节和文化知识。

进入扈从阶段后，他们则成为主人的随从，也可以说是预备骑士，主要学习骑术、剑术、投枪、狩猎、游泳、吟诗和弈棋，这些被称为“骑士七技”。在作战时，他们还要随主人出征，并负责保护主人。

扈从阶段结束后，必须经过晋封仪式才能成为一名真正的骑士。中世纪晋封仪式一般选择在宗教节日，有时也在战场上举行。骑士晋封仪式一般可分为三种类型。一种是世俗型，主持者为君主或贵族，地点大多选在王宫或城堡；一种是宗教型，主持者为教皇、主教等神职人员，地点在教堂；还有一种是世俗和宗教混合型，主持者一般是君主或贵族，而神职人员则在一旁进行祷告弥撒等宗教活动，地点选在王宫、城堡或教堂。在整个仪式过程中，授剑仪式最为隆重，是核心仪式。准骑士们要洗浴、忏悔、祈祷、宣誓、穿戴铠甲头盔、装踢马刺，然后接受象征骑士职能的宝剑。封主用佩剑在准骑士们的肩上轻轻拍一下，然后向他们讲述骑士的基本准则，这样他们就获得了骑士封号。最后，新骑士们在广场上骑着马，手持长矛猛刺靶子，用即兴比武来庆祝。

在中世纪，骑士作为高级贵族的附庸，必须向他们宣誓效忠和履行义务；同时作为自己领地的主人，他必须保护依附于他的农奴。

由于骑士专门从事打仗和比武，他们的故事流传得越来越广，并且和民间的神怪传说联系起来，形成了后世的骑士文学。在这些文学作品中，这些骑士往往被描写成智勇双全的英雄人物，他们武艺高强，打抱不平，视死如归，尊重妇女，这成为后来欧洲人夸耀的“骑士精神”。

城堡与桥梁

一座城堡就是一处防御工事。最初，城堡为那些拥有其周边土地的领主或国王作为要塞所建，城堡通常具有开阔的视野，能望城邦或庄园，工匠们也极尽所能地将其建造得坚不可摧。随着技术与进攻武器的发展，进攻方发动攻城与围困的能力越来越强，城堡也因此越盖越高、越来越厚实。同时，城堡也越盖越大，以容下所有人以及维持生活的补给与粮食储备。

当诺曼底公爵威廉一世在1066年渡海向英格兰发起进攻时，他的军队必须战胜城堡内当地居民的抵抗。当时的城堡一般用石头或者木材建造在土丘顶上，并由护城壕沟围绕。在土丘的底部

横跨在法国南部洛特河上的旁特·瓦雷特桥，长 138 米，有 6 个主拱和 3 座坚固的堡塔。

会有一片区域，被称为保卫区，这片区域的四周有木栅栏保护。由城墙保护的保卫区被称为城堡外庭，这种形式的城堡被称为土岗－外庭式城堡。

城堡的中心是主塔，或称要塞，这是整个城堡中最坚固并由重兵把守的部分，当敌军攻破外墙时，所有的守城部队都会退入主塔中。主塔包含领主的生活区、办公区和储藏室，这里还有井及其他的装备以应付持续的围攻。后期建造的城堡都习惯把生活区建在外庭，而把主塔作为最后的防线。

城堡外墙由一条或数条护城河保护，有时护城河之间也会构筑外庭。比如建造在法国里昂与巴黎之间、位于塞纳河岸边绝壁上的加亚尔城堡就有三重外庭：在山脚与内护城河之间的内庭，内护城河与外城墙之间的中庭，及外城墙之外受外护城河守护的外庭。这三重外庭排列在一条直线上，所以入侵者在攻打要塞之前需要突破所有的三道外庭。英格兰的理查德一世(1157 ~ 1199年)在1196 ~ 1198年间修筑了加亚尔城堡，该城堡至今仍是欧洲最坚固的城堡之一。

架在护城河上的吊桥能够被升起或放下，而关口通常受到主体城堡城墙防御工事——碉堡的保护。当吊桥升起时，闸门会被放下以关闭关口。闸门表面由木头和铁制成，在城墙凹槽里垂直升降。

一座宏伟的城堡是城堡主权力与财富的象征。当英王爱德华一世(1239 ~ 1307年)于1282 ~ 1283年间征服威尔士后，他修建了6座城堡来驻扎部队，同时也是向当地居民炫耀他的武力。其中建造于1283 ~ 1322年间的卡那封城堡矗立至今。

在城堡盖得日益庞大与牢固的同时，火炮技术也在不断发展，到后来，炮火的威力已经强大到可以将任何城墙炸得粉碎。1494年，法国军团向意大利不断推进，在火炮的协助下，沿途的城堡被悉数摧毁。防御性城堡的修筑热潮逐渐退去，国王与封建领主们转而为自己修建宫殿，其目的也从炫耀武力转为供闲暇享乐所用。

大多数城市建造在河流边，通常是沿河岸两边延伸扩张，由桥梁连接两岸。但许多中世纪的桥梁还具备更多的功能，有的比如法国南部洛特河上的瓦雷特桥(于1308年开工，1355 ~ 1378年间完成建造)有三个堡塔，防御的驻军可以控制桥面交通。

有的桥上还建有店铺、礼拜堂、通行税征收处等各色建筑。著名的阿维尼翁桥于1177年在圣班尼兹的督导下开始建造，在1680年被弃用，但当年圣班尼兹下葬的殡仪馆保存至今。

位于英国伦敦市中心的老伦敦桥是第一座以石头为主体建造、横跨有着潮汐涨落的泰晤士河的石桥。桥体建造于1176 ~ 1209年间，以桥身设计的各类店铺、房屋为特色，屹立于世长达800多年。

巴黎大学

中世纪的早期，欧洲的文化教育非常落后，不光老百姓都是文盲，很多贵族斗大的字也不识几个，甚至有些国王连自己的名字都写不好。当时各国的文化教育都被教会垄断，只有教会才可以开办学校，只有教士才掌握文化知识，但教会学校的教科书只有《圣经》。人们除了《圣经》之外，几乎不知道还有其他书籍。

后来随着城市的兴起，工商业日趋繁荣，人们需要更多更新的知识，于是城市中出现了学校。这些学校，就成为后来大学的基础。11世纪末，意大利出现了第一所大学，

巴黎大学索邦神学院教堂

索邦教堂是巴黎大学里最古老的建筑之一，建于17世纪，教堂正面为典型的巴洛克风格。

此后欧洲相继出现了很多大学，如法国的巴黎大学，英国的牛津大学、剑桥大学等，其中以巴黎大学最为著名。

在12世纪早期，巴黎大学就粗具雏形。1200年，法国国王腓力二世正式批准成立巴黎大学。

巴黎大学位于法国首都巴黎，坐落在塞纳河畔。巴黎大学和欧洲其他的大学一样，使用当时通用的拉丁语授课，从成立之初，欧洲各国就有很多学子纷纷慕名前来求学，据说有5万人之多。

巴黎大学共设有4个学科：文学、医学、法律和神学。文学是普通学科，要学习语法（包括拉丁语和文学）、修辞（包括散文、诗歌的写作和法律知识）、辩证法（即逻辑学）、天文学（包括物理和化学）、几何（包括地理和自然历史）、数学和音乐，被称为“七艺”。修文学科的人数是最多的，通过毕业考试可以得到学士学位。另外3个学科是高级学科，只有修完普通学科、获得学士学位的学生有资格升入，修完之后可以获得硕士学位。获得硕士学位之后可以继续进修，攻读博士学位。只有取得了学位的人才可以在学校里教书，但并不是每个人都可以获得学位的，通常获得学士学位的人仅占学生总数的1/3，获得硕士学位的占1/16，而获得博士学位的则更少。尤其是神学博士，首先要用8年时间攻读神学硕士学位，然后再用12年的时间攻读博士学位，难度很大。

巴黎大学的成员不仅包括老师和学生，还包括为学校服务的书贩、邮差、药商、抄书人甚至旅店老板。学校雇佣有才能的老师，解雇那些平庸的或玩忽职守的老师，有时还对他们处以罚款。老师们根据各自的才能，教不同的科目，组成一个个的团体。现在大学中的“系”，就是从拉丁语中的“才能”一词转化而来的。老师团体中选出的“首席”或“执事”，相当于后来的“系主任”。

每天早晨，学生们早早起床，洗漱完毕，吃过早饭之后，先来到教堂做弥撒，然后再去教室上课。学校的教材大多是古代的一些名著，老师一边读，一边解释，而学生们则一边认真听讲，一边做笔记。学校很少做试验，就算是医学科，学生做实验的机会也很少，因为中世纪严禁人体解剖，所以很多解剖的知识都是学生们从翻译过来的阿拉伯医书上得到的。

巴黎大学规定，学生要想获得学位，就必须参加公开的辩论。因此，学校的老师很注重培养学生的口才，学生们在平时也非常注重锻炼辩论的技巧。巴黎大学在平时经常举行公开的辩论会，这些辩论会主要是本校的老师参加，有时也邀请一些外校的老师参加。辩论会的气氛是非常激烈紧张的，有的对手被对方驳得理屈词穷，恼羞成怒，冲上去和对方扭打起来的事也时有发生。

巴黎大学吸引了不少当时欧洲著名的学者前来讲学，其中最有名的当数法国著名哲学家皮埃尔·阿贝拉尔。阿贝拉尔经常发表一些与众不同的言论和见解，大受学生们的欢迎，但却惹恼了法国政府，被禁止在法国领土上讲课。阿贝拉尔就爬到树上继续讲课，学生们围坐在地上专心致志地听讲。后来法国政府又禁止他在法国的天空讲课，阿贝拉尔就站在一条船上讲课，学生们则坐在岸边听讲。

由于巴黎大学不是教会开办的，它讲课的内容在很多地方触犯了基督教的教义，所以教会非常仇视巴黎大学。他们疯狂地迫害那些违背基督教教义的老师，到 13 世纪的时候，巴黎大学已经基本上被教会所控制了。

成吉思汗

1162 年，铁木真出生在蒙古草原尼伦部贵族孛儿只斤氏家族。铁木真的父亲也速该因为作战英勇，被推举为尼伦诸部的领袖，后来在部落的仇杀中丧命，孛儿只斤家族败落，铁木真一家陷入困境。

铁木真的青少年时期是在动荡不安和极端艰苦的条件下度过的。当时，草原诸部混战不已，彼此相互仇杀。在这样的环境中，铁木真养成了坚毅、果敢的性格，并练就了强健的体魄、超群的武艺和过人的才智。1180 年，年轻的铁木真已经远近闻名。为了重振家业，铁木真去找父亲的安答（结义兄弟）、克烈部首领王罕。在王罕的庇护下，铁木真开始积聚力量，势力迅速壮大。

铁木真的崛起引起了乞颜部贵族扎木合的忌恨，虽然他曾与铁木真结为安答。1190 年，扎木合与泰赤乌等 13 部联合起来，组成 2 万多联军，进攻铁木真。铁木真探知消息，将部众集中起来，列成 13 翼，与扎木合联军决战，这就是著名的“十三翼之战”。一场激战过后，铁木真失利，退避于斡难河谷地。札木合领军返回本部后，将俘虏分为 70 大锅煮杀，引起了很多部落不满，不少人转而投奔铁木真。铁木真虽然战败，却得到民众拥护，兵力得以迅速壮大。

成吉思汗

1196年，铁木真联合王罕，配合金的军队，在斡里札河围歼了反叛金的塔塔儿部，杀死了他们的首领，报了杀父之仇。战后，金封王罕为王，任命铁木真为招讨使，铁木真名声大振。此后，他又战胜了篾儿乞等部，攻取呼伦贝尔草原。1202年，铁木真彻底歼灭塔塔儿部，占领了西起斡难河，东到兴安岭的广大地区。

1203年，和铁木真以父子相称的王罕开始进攻铁木真。铁木真与王罕大战于合兰真沙陀，这是铁木真生平最艰苦的一次战斗。结果铁木真大败，只带领19人落荒而逃。逃亡途中经过班朱尼河时，铁木真和伙伴们饮河水立誓："如果我建立大业，一定和追随我到此的兄弟同甘共苦，如果违背誓言，就像这河水一样。"这就是蒙古历史上著名的班朱尼河之誓。

1204年，铁木真征服蒙古草原上唯一能和自己对抗的乃蛮部的首领太阳罕。1206年，统一了西起阿尔泰山，东到兴安岭的整个蒙古草原。各部贵族在斡难河源头举行盛大集会，推举铁木真为大汗，称其为"成吉思汗"，建立了强大的蒙古帝国。

成吉思汗的黄金家族是蒙古帝国的最高统治集团，拥有全部的土地和百姓。他按照分配家产的方式，将百姓和土地分给自己的子弟亲族。成吉思汗推广了千户制度，将全蒙古的百姓划分为95千户，任命蒙古的开国功臣以及原来的各部贵族担任那颜（意为千户长），世袭管领。为了维护自己至高无上的统治地位，成吉思汗还建立了一支由大汗直接控制的人数达1万人的常备护卫军，这支强大的护卫军成为巩固蒙古帝国、进行对外战争的有力工具。

成吉思汗还派人根据畏兀儿文字创造了蒙古文字，用这种畏兀儿蒙古文发布命令，登记户口，编订法律，大大加强了统治，推进了蒙古文化的发展。

成吉思汗又任命自己的养子失吉忽秃忽为大断事官，负责分配民户，后来又让他掌管审讯刑狱等司法事务。成吉思汗还制定了蒙古法律“大札撒”，作为全部蒙古人民都要遵守的准则。法律的制定，对于安定社会，加强蒙古政权的统治起到了积极的作用。

蒙古汗国建立之后，成吉思汗开始向外扩张。他先后3次入侵西夏，迫使西夏称臣纳贡，并随同蒙古一同进攻金。1211年，成吉思汗南下进攻金国，1215年，攻占了中都燕京。

1219年，成吉思汗踏上征讨花剌子模的万里西征之路。1221年，成吉思汗占领花剌子模全境后大军继续西进，1225年，持续7年的西征结束。

1226年，成吉思汗再次进

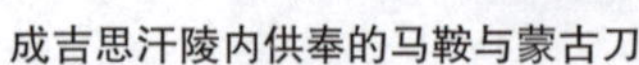

成吉思汗陵内供奉的马鞍与蒙古刀

攻西夏。1227 年七月，成吉思汗病死军中。成吉思汗死后，他的子孙们继续他未竟的事业，攻灭西夏、金、南宋，建立起一个空前庞大的大帝国。元朝建立后，追尊成吉思汗为元太祖。

蒙古帝国西征

1206 年，蒙古各部落首领在斡难河畔召开大会，推举铁木真为大汗，尊称成吉思汗，建立了蒙古汗国。蒙古汗国建立后，以成吉思汗为首的蒙古贵族不断发动掠夺战争，用兵的主要方向是南下与西征，南下攻击的主要目标是金朝和南宋，西征则是征服中亚、东欧各国。

1219 年，为了剿灭乃蛮部的残余势力，征服西域强国花剌子模，成吉思汗带着 4 个儿子术赤、察合台、窝阔台、拖雷，以及大将速不台、哲别开始了西征。蒙古 20 万大军长驱直入，在额尔齐斯河流域分进合击，先后攻占布哈拉、花剌子模新都撒马尔罕、讹答剌与毡的城。花剌子模国王摩诃末西逃，成吉思汗令速不台、哲别等穷追不舍。后来，摩诃末病死在里海的一个小岛上，摩诃末的儿子札阑丁在呼罗珊一带继续抵抗。

为了剿灭札阑丁，1221 年，成吉思汗大军渡过阿姆河，占领塔里寒城。他以塔里寒城为根据地，派出两路大军，分别进攻呼罗珊、乌尔根奇。拖雷率兵进攻呼罗珊，相继攻陷尼沙不儿、也里城；察合台与窝阔台攻陷乌尔根奇。两路大军完成任务后，都回到塔里寒城与成吉思汗会师。然后，各路大军成吉思汗的率领下，继续追击札阑丁，在印度河击败其余众。札阑丁孤身一人逃

多瑙河上的战斗 图中戴头盔的匈牙利人试图阻挡轻装上阵、以强弓为武器的蒙古军过河，1241～1242年间，成吉思汗的子孙已将帝国疆域拓展到了欧洲的中部。

跑，花剌子模灭亡。1223年，蒙古大军在西追札阑丁的同时，还深入罗斯，大败敌军，罗斯诸王公几乎全部被杀。1225年，成吉思汗凯旋东归，将本土及新征服所得的西域土地分封给自己的几个儿子。

1227年，成吉思汗去世，成吉思汗的第三子窝阔台继任大汗。1234年，窝阔台集结诸王大臣召开会议，商讨西征大事。窝阔台派兵分别攻打波斯（今伊朗）和钦察、不里阿耳等部，基本上征服了波斯全境。1235年，由于进攻钦察的军队受阻，窝阔台派遣其兄术赤之子拔都，率50万大军增援。西征军一路势如破竹，很快就彻底消灭了花剌子模，杀死札阑丁。1237年底，拔都又率大军，继续西进，大举进攻罗斯，相继攻陷莫斯科、基辅诸城。1240年，拔都分兵数路继续向欧洲腹地挺进，进攻孛烈儿（今波兰）、马扎尔（今匈牙利）。1241年，北路蒙军在波兰西南部的利格尼兹，大破波兰与日耳曼的联军；中路蒙军主力由拔都亲自率领，进击匈牙利，大获全胜，兵锋直指意大利的威尼斯。1241年年底，窝阔台驾崩的消息传到军中，拔都率军从巴尔干撤回到伏尔加河流域，以萨莱为都城，在伏尔加河畔建立了钦察汗国。

1251 年，蒙哥即大汗位。1253 年，蒙哥派弟弟旭烈兀率军发起了第三次西征。这次西征的目标是消灭西南亚地区的木剌夷国（今里海南岸的伊朗北部）。1257 年，蒙古军荡平木剌夷，挥师继续西进，直指黑衣大食首都巴格达。1257 年冬，旭烈兀三路大军围攻巴格达，于第二年初攻陷该城，消灭了有 500 年历史的黑衣大食。此后旭烈兀又率兵西进，其前锋部队曾渡海到达富浪（今地中海东部的塞浦路斯岛）。

后来由于蒙古军队被埃及军队打败，旭烈兀才被迫停止西进，留居帖必力思，建立了伊儿汗国。

成吉思汗和他的继承者以剽悍的武功征服了欧亚广大地区，以蒙古为中心，建立起由钦察汗国、察合台汗国、窝阔台汗国、伊儿汗国组成的横跨欧亚大陆的国家，形成世界历史上前所未有的大帝国。

四大汗国

经过三次西征，蒙古人占领了大片的土地，建立了 4 个汗国：钦察汗国、察合台汗国、窝阔台汗国和伊儿汗国。

钦察汗国，又称金帐汗国，是成吉思汗长子术赤的封地，疆域东起额尔齐斯河，南抵高加索山，西至多瑙河，北到北极圈，建都于伏尔加河下游的萨莱城（今俄罗斯阿斯特拉罕）。俄罗斯各公国必须向金帐汗进贡。金帐汗利用俄罗斯大公们之间的矛盾，经常挑拨离间，以巩固自己的统治。14 世纪后期，汗国内部阶级

蒙古骑兵押送战俘图

矛盾激化，再加上内讧不断，力量大大削弱。莫斯科大公底米特里·顿斯科伊和帖木儿又不断进攻。俄罗斯各城邦逐渐统一，力量大大增强，而金帐汗国却分裂成喀山汗国、克里米亚汗国、西伯利亚汗国、阿斯特拉罕汗国等几个小汗国。1502年后，这些小汗国相继被俄罗斯吞并，钦察汗国灭亡。

察合台汗国，是成吉思汗次子察合台的封地，疆域主要在天山南北，最强盛时东起吐鲁番、罗布泊，南抵兴都库什山脉，西达阿姆河，北到塔尔巴哈台山，定都虎牙思（今新疆霍城县水定镇）。察合台汗国为了掠夺财富和占有牧场，与元朝和伊儿汗国发生了旷日持久的战争，结果被打败。1314年，怯伯成为察合台汗，他主动与元朝恢复了友好关系，从此两朝使节来往不断。怯伯把国都迁到了撒马尔罕，他提倡农业，实行改革，而他哥哥也先不花汗则坚持游牧传统，于是察合台汗国分裂为东、西两部。东部以阿力麻里为中心，包括喀什、吐鲁番等地区；西部以撒马尔罕为中心，统治中亚地区。东察合台汗国从1348年建国，到1514年被叶尔羌汗国取代，立国166年。西察合台汗国在1370年被帖木儿汗国所灭。

窝阔台汗国，是成吉思汗第三个儿子窝阔台的封地，疆域包括有额尔齐斯河上游和巴尔喀什湖以东地区，定都叶密里(今新疆额敏县)。1229年，窝阔台继大汗位，将封地赐给他的儿子贵由。1251年，蒙哥汗即位后，窝阔台的后代因曾反对蒙哥，封地被分割。窝阔台的儿子合丹得到别失八里，灭里得到额尔齐斯河之地，窝阔台之孙脱脱分得叶密里，海都分得海押立之地。

1260年，忽必烈称帝后，海都与争夺汗位失败的阿里不哥联合，共同反对忽必烈。1301年，海都兵败，不久死去，他的儿子们为了争夺汗位而自相残杀，国势逐渐衰落。1309年，察合台汗也先不花击败窝阔台汗察八儿，察八儿逃到元朝，窝阔台汗国并入察合台汗国。

伊儿汗国，又称伊利汗国，是成吉思汗幼子拖雷的儿子旭烈兀西征后建立的，疆域东起阿姆河，南至波斯湾，西临地中海，北到里海、黑海、高加索，包括今伊朗、伊拉克、阿塞拜疆、格鲁吉亚、亚美尼亚和土库曼斯坦等国，阿富汗西部的赫

正在安营扎寨的蒙古人

拉特王国和小亚细亚的罗姆苏丹国都是伊儿汗的属国，定都蔑刺哈。1265 年，旭烈兀之子阿八哈继位，定都大不里士，以蔑刺哈为陪都。

在第七代伊儿汗合赞（1295 ~ 1304 年）在位时，伊儿汗国的国势达到极盛。合赞汗死后不久，伊儿汗国就陷入混乱。在争权夺利的混战中，伊儿汗国境内出现了许多小国：贾拉尔国占有今伊拉克、阿塞拜疆、摩苏尔和迪亚巴克儿；克尔特国占有赫拉特和呼罗珊部分地区；穆札法尔国占有有法尔斯、克尔曼和库尔德斯坦；赛尔别达尔国占有呼罗珊北部。1380 年以后，这些小国家先后被新兴的帖木儿帝国灭亡。

德里苏丹国的建立

12 世纪中期，古尔王朝兴起于阿富汗西部，定都赫拉特。经过历代君主的不断扩张，古尔王朝的苏丹成为阿富汗和西北印度的统治者。1192 年，古尔王朝苏丹穆伊兹·乌丁率领大军越过旁遮普，东征印度。印度的王公们联合起来，抵御穆伊兹大军。在塔拉罗里战役中，穆伊兹大军击败了印度联军，占领德里，随即征服了恒河与朱木拿河之间的广大

德里苏丹国时期精美的雕刻

画中描绘了1526年4月帕尼帕特战役中莫卧儿人追击逃窜的德里苏丹军队的情景。

地区。穆伊兹派手下大将巴克提亚·卡尔其继续东征，1200年征服印度东北部，占领比哈尔和孟加拉。至此，印度德干高原以北地区都处于古尔王朝的统治之下。古尔王朝对印度的征服，为德里苏丹国的建立铺平了道路。

1206年，古尔王朝苏丹穆伊兹遇刺身死。他没有儿子，古尔王朝发生分裂。统治北印度的总督、穆伊兹的部将顾特布－乌德－丁·艾贝克以德里为中心，自立为苏丹，建立了德里苏丹国。德里苏丹国是印度历史上一个比较稳固的政权，先后经历了5个王朝：奴隶王朝（1206～1290年）、卡尔基王朝（1290～1320年）、图格拉王朝（1320～1414年）、赛义德王朝（1414～1451年）和罗第王朝（1451～1526年），最后被莫卧儿帝国所灭。

德里苏丹国的第二任苏丹伊杜米斯，被后世誉为德里苏丹国的真正奠基人。他先后平定了旁遮普和孟加拉的贵族以及拉其普特印度教王公的叛乱，征服了瓜寥尔和马尔瓦地区。到卡尔基王朝时期，苏丹阿拉·乌丁整顿财政，加强中央集权，建立起多达47万人的精锐骑兵部队。他派兵消灭了古吉拉特和拉其普特地区的印度教王公割据势力，然后率军越过文迪亚山，征服了那里信奉印度教的4个王国，使德干高原成为德里苏丹国的领土。苏丹图格拉在位期间是德里苏丹国的鼎盛时期，他曾4次派大军远征南印度，一度占领科佛里河以南的大片地区，行省增加到23个，但由于他的横征暴敛，激起了当地人民的强烈反抗，德里苏丹国的军队被迫退到了科佛里河以北。德里苏丹国最强大时的疆域东起孟加拉，南达科佛里河，西抵印度河流域，北到克什米尔地区。

德里苏丹国兴起之时，正值蒙古人扩张之际，两个强国之间的战争不可避免。1221年，成吉思汗率领蒙古军队出现于印度西北边境，并不断深入，进攻印度西北部，在信德和旁遮普地区大肆掳掠。但是来自寒冷干燥的蒙古高原的蒙古士兵非常不适应印度炎热潮湿的气候，蒙古军屡遭挫折，成吉思汗只好撤军。1279年和1285年，蒙古军队卷土重来，再次入侵印度西北部。卡尔基王朝苏丹阿拉·乌丁率军与蒙古人大战，终于击退入侵印度的蒙古军队。一部分被俘的蒙古战士在德里定居下来。

自古以来，外族不断从印度西北山口入侵，这些外族占领印度后，随着时间的推移大都与当地居民融合或被同化。但德里苏丹国的统治者没有被当地的印度教文化同化。德里苏丹国的统治阶级是突厥人、阿富汗人和波斯人组成的以“四十大家族”为核心军事贵族集团，他们占有大量的土地，并以大量的中亚外族雇佣军作为统治支柱。他们对被统治阶级——印度教封建主和广大居民采取歧视和迫害等高压统治政策，用强征人头税等手段刺激了印度人民的民族感情和宗教情绪。德里苏丹国的这些政策使国内宗教和阶级矛盾十分尖锐，人民起义和宗教运动此起彼伏。

马木路克大战蒙古兵

马木路克是“奴隶”的意思。从公元9世纪起，阿拉伯的人贩子从高加索地区和中亚诱拐或绑架很多儿童，然后把他们送到巴格达、大马士革和开罗的奴隶市场贩卖。这些马木路克的买主主要是阿拉伯君主，他们买下身体强壮的孩子，把他们送入军事学校，经过严格训练后，组成骑兵部队，以保护自己或用于对外扩张。在这些小马木路克中，来自高加索的格鲁吉亚人和中亚的突厥人最受欢迎，因为他们身体强壮，好勇斗狠。据记载，当时格鲁吉亚每年被拐卖的孩子多达2万。

这些小马木路克进入军事学校后，首先要学习阿拉伯语，并被灌输对主人绝对忠诚的思想。到14岁开始进行军事训练，他们要熟练使用弯刀、长矛及骑射之术，其中骑马和射箭受到高度重视。

一位马木路克勇士在展示其坚不可摧的盾牌

马木路克士兵的身份虽然是奴隶，但深受主人的器重，马木路克将领甚至可以担任高级官员。13

世纪，萨拉丁在埃及建立阿尤布王朝，但他的子孙一代不如一代。1250年，马木路克将领、突厥人阿依巴克篡位，建立了埃及马木路克王朝。1258年，旭烈兀率领蒙古西征军占领了巴格达，阿拉伯帝国灭亡，埃及马木路克王朝成为阿拉伯世界抵抗蒙古人入侵的主力。不久，忽必烈和阿里不哥为争夺汗位而爆发战争，旭烈兀为了助忽必烈一臂之力，急忙率领大军赶回。临走时，他留下了大将怯的不花和2万军队镇守大马士革。

1260年8月，埃及马木路克苏丹忽都思率领12万马木路克大军从埃及出发，与蒙古军队决一死战。9月，忽都思率领的马木路克大军和怯的不花率领的蒙古大军在巴勒斯坦北部的艾因贾鲁相遇。虽然人数比对方少得多，但怯的不花却一点也不害怕。这么多年来，蒙古军队战必胜，攻必克，灭亡了很多国家，不知不觉间，变得骄傲轻敌起来。

经过的短暂交战后，马木路克骑兵开始迅速而有序地撤退。蒙古人不知道这是个计谋，以为对方怯战，于是穷追不舍，企图速战速决。

不知不觉间，马木路克骑兵把蒙古人引到了一个山谷中，轻敌的蒙古人丝毫没有察觉到自己已经进入了对方的包围圈。马木路克骑兵忽然停住脚步，排成一道长达6千米，中间厚两边薄的阵形，忽都思骑着马在中间指挥。这时，埋伏在山谷两侧的伏兵也蜂拥而出，对蒙古人形成了三面包围之势。

发现自己被包围后，蒙古军一阵慌乱。怯的不花不愧是久经沙场的老将，他立刻命令蒙古军兵分两路，进攻马木路克阵形薄弱的两翼，他自己亲率1万人冲向对方的左翼。马木路克骑兵立即放箭，蒙古军死伤无数，损失惨重，但他们毫不畏惧，仍然冒着箭雨前进，不一会儿就冲到了对方面前。马木路克骑兵被蒙古人视死如归的精神吓得魂飞魄散，再加上蒙古人极其勇猛，马木路克骑兵开始后退。

忽都思看到自己即将失败，他大吼一声，把头盔摔到地下，挥舞着大刀杀入蒙古军中，一连砍死好几个蒙古人。看到自己苏丹这样奋不顾身，马木路克骑兵缓过神来，他们也狂喊着上前与蒙古骑兵进行激烈厮杀。

这场混战一直从早晨打到下午，随着时间的推移，马木路克大军的人数优势发挥了作用，蒙古人渐渐不敌。怯的不花拒绝了随从劝他撤退的建议，亲率自己的卫队发动反冲锋，结果被乱箭射死。失去主帅的蒙古军队斗志全无，开始夺路而逃。马木路克骑兵穷追不舍，最后将蒙古残军消灭。怯的不花大军覆灭的消息传到大马士革，留守的蒙古将士逃之夭夭，忽都思率领大军胜利开进大马士革。

1517 年，奥斯曼土耳其灭亡马木路克王朝，但马木路克军队依然占据帝国统治地位。

马可·波罗

1254 年，马可·波罗出生在意大利威尼斯的一个商人家庭。他的父亲和叔叔都曾经到中国经商，在元大都（今北京）还见过忽必烈大汗。忽必烈写了一封信，让他们转交给罗马教皇。他们回来后，天天给小马可·波罗讲述东方的见闻，小马可·波罗简直听得入迷了。1271 年，马可·波罗的父亲和叔叔拿着教皇的复信和给忽必烈的礼物准备再次去中国。马可·波罗缠着他们，非要和他们一起去中国。父亲和叔叔没办法，只好同意带上他。

马可·波罗等人乘船离开威尼斯，向南进入地中海，然后到达了伊拉克。本来他们想从波斯湾的出海口霍尔木兹乘船去中国的，但是一连几个月都没有遇上一艘去中国的船，他们只好改为走陆路。马可·波罗等人向东穿越了广袤荒凉的伊朗大荒漠，翻过了冰天雪地的帕米尔高原，克服了疾病、饥饿，躲过了凶残的强盗和野兽，经过4年的长途跋涉，终于来到了中国新疆的喀什。

在喀什，马可·波罗看到了大片的葡萄园和果园，人们的生活非常丰裕，他当时觉得喀什就是世界上最富裕的城市。没过多久，他们便启程继续向东，先是来到了盛产美玉的和田，然后又穿越了塔克拉玛干大沙漠，来到了敦煌。在敦煌，马可·波罗欣赏到了精美绝伦的壁画和佛像雕刻。几天后，他们经过玉门关，看到了宏伟的万里长城，进入了河西走廊，来到了元上都（今内

马可·波罗像

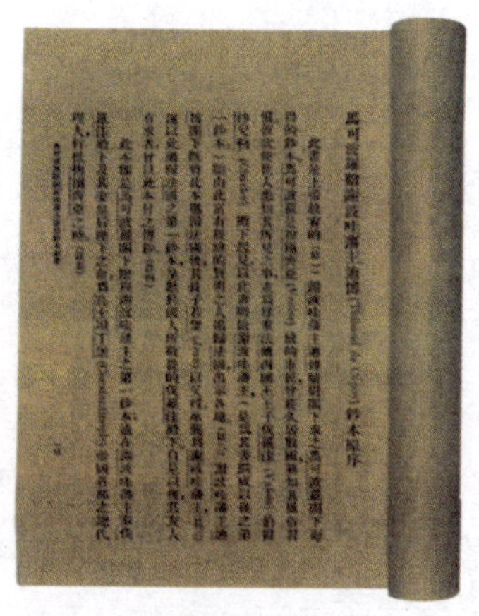

《马可·波罗游记》书影

蒙古多伦县），见到了元世祖忽必烈。他们向元世祖献上了教皇的回信和礼物，并向元世祖介绍了马可·波罗，忽必烈热情地接待了他们。忽必烈对聪敏的马可·波罗非常赏识，邀请他来到宫中讲述一路上的见闻。不久，马可·波罗和父亲、叔叔和忽必烈一起返回了元大都。

当第一眼见到元大都时，马可·波罗简直惊呆了！在后来的《马可·波罗游记》中，他写道："我从来没有见过这么伟大的都城。"元大都城郭高大方正，城内街道笔直纵横，来来往往的人们川流不息，街上的店铺一个挨一个，叫卖声此起彼伏。每天全国，甚至全世界的货物都涌进这座城市，从日用百货到珍奇异宝无所不有，光是生丝每天就运进1000车！而在当时的西欧，生丝简直和黄金等价。

很快，马可·波罗就随忽必烈来到了皇宫。马可·波罗觉得皇宫简直举世无双：高大的宫殿、汉白玉砌成的栏杆、金碧辉煌的壁画、晶莹剔透的釉瓦……这简直是神仙住的地方！

由于忽必烈的赏识，马可·波罗留在元大都当了官。聪明的他很快就学会了蒙古语和汉语。除了大都，马可·波罗还游历了很多地方。涿州的绫罗绸缎、太原的军火、西安的工商业、成都的集市都给他留下了深刻的印象。最令马可·波罗震惊的是，在中国，丝绸随处可见，连老百姓都穿着丝绸做的衣服，这在欧洲简直是不可想象的。因为丝绸在欧洲非常昂贵，只有帝王、贵族和大商人才买得起。马可·波罗认为，中国是世界上最强大最富裕的国家，远远超过欧洲和世界其他国家。

在中国，马可·波罗还见到了许多欧洲没有的新鲜事物，其中他最为称赞的就是驿道。元朝时，从大都到全国各地，都有驿道相连，驿道边种植着树木，每隔二三十里就在路边设立一个驿站，有专人负责更换马匹和提供食宿。中央政府的命令和地方的紧急情况可以很快通过驿道传达和接到。让马可·波罗吃惊的是华北的中国人居然不用木柴生火做饭，而是使用“黑色的石头”（煤），中国人还使用纸币进行购物，这在欧洲也是不可想象的。

马可·波罗还到过江南地区，听到过“上有天堂，下有苏杭”这句话，他游览了杭州以后说：“杭州是世界上最繁华最富裕的城市！”

1292年，马可·波罗等人奉命护送公主去伊儿汗国结婚。这时他们已经离家17年了，马可·波罗表示想回国，忽必烈同意了，并赐给他们大量的金银珠宝。到了伊儿汗国完成了使命后，马可·波罗等人就启程回到威尼斯。后来威尼斯和热那亚发生了战争，马可·波罗捐钱制造了一艘战船，亲自担任船长参加战斗，结果不幸被俘，被关进了监狱。在狱中，马可·波罗遇见了一个作家，就把自己在东方的经历讲了出来，这位作家边听边记录，后来出版了《马可·波罗游记》。这本书在欧洲广为流传，激起了欧洲人对东方的向往，为新航路的开辟和新大陆的发现提供了动力。

奥斯曼土耳其崛起

土耳其人是突厥人的一支，土耳其就是由“突厥”一词转变而来的。突厥人原来生活在中国北方的蒙古高原和中亚一带，后来被中国的唐朝击败，被迫西迁，来到中东地区，依附于塞尔柱突厥人建立的鲁姆苏丹国。鲁姆苏丹将一块贫瘠的位于西北边境的土地赏赐给他们，让他们为鲁姆苏丹国守卫边疆，抵抗拜占庭帝国。

1242年，鲁姆苏丹国在蒙古人的打击下瓦解，土耳其人趁机崛起。酋长埃尔托格鲁尔率领土耳其人东征西讨，打败了四周的部落，自称埃米尔（君主的意思）。1288年，埃尔托格鲁尔病死，他的儿子奥斯曼继位。

奥斯曼想娶长老谢赫艾德巴里的女儿为妻，但遭到了拒绝。一天，奥斯曼来到谢赫艾德巴里家，对他说："我昨天做了一个奇怪的梦，梦见我的腰部长出了一棵大树，所有的树叶都变成了利剑，指向拜占庭帝国的首都君士坦丁堡的方向。长老，你懂得解梦，我的这个梦是什么意思？"谢赫艾德巴里沉思了一会儿说："这个梦预示着你的子孙会占领君士坦丁堡，成为世界的统治者。"奥斯曼听后非常高兴，说："那我现在可以娶你女儿吗？"谢赫艾德巴里

苏丹带领精锐部队的优秀将官列队出行

点头答应了。奥斯曼登基那天，谢赫艾德巴里赠送给他一把“胜利之剑”。后来，颁发“胜利之剑”成为奥斯曼土耳其苏丹即位的传统仪式之一。此后，奥斯曼手持“胜利之剑”四处征战，建立了一个庞大的帝国。

奥斯曼是个雄才大略的人，当时拜占庭帝国已经衰落，外强中干，在小亚细亚的统治摇摇欲坠。奥斯曼把部落的士兵组织起来，将掠夺的土地分给他们，大大激发了他们的战斗热情。他还吸收了很多其他突厥部落的勇士，壮大了自己的力量。有了强大的军事实力，奥斯曼开始向拜占庭帝国发起进攻。他攻占美朗诺尔城后，将这里作为首都，改名为卡加希沙尔。1300 年，奥斯曼自称为苏丹，并宣布他的国家是一个独立的公国。奥斯曼并没有就此满足，1301 年，奥斯曼对拜占庭帝国发起了更大的进攻，占领了富庶的卑斯尼亚平原，国力大增。1317 年，奥斯曼率领军队围攻拜占庭帝国在小亚细亚最重要的城市布鲁沙城。拜占庭人凭借高大的城墙拼死抵抗，奥斯曼围攻了 9 年都没有攻克。1326 年，实在无力抵抗的拜占庭人被迫宣布投降。这时候，奥斯曼已经身染重病。奥斯曼去世后，他的遗体被安放在布鲁沙的大教堂内。奥斯曼死后，他的儿子乌尔汗继任为苏丹，迁都布鲁沙城。此后，人们把奥斯曼创建的国家称为奥斯曼帝国，也称奥斯曼土耳其。土耳其人也因此被称为奥斯曼人或奥斯曼土耳其人。

乌尔汗和他父亲一样，是一个野心勃勃的人。他继续父亲没有完成的事业，在不到 10 年的时间里，完全占领了拜占庭帝国在小亚细亚的领土。乌尔汗利用塞尔维亚和拜占庭帝国的矛盾，开始插手欧洲事务。为了占领一个进攻欧洲的军事基地，乌尔汗于

1354 年率军渡过达达尼尔海峡，占领了加里波里半岛上的格利博卢城堡。由于城堡高大坚固，加上拜占庭人的拼死抵抗，土耳其人一时无法攻克，乌尔汗一筹莫展。这时，乌尔汗的儿子苏莱曼自告奋勇，表示愿意前去攻打格利博卢城堡。在征得父亲的同意后，他只率领 39 名勇士，夜里乘船偷偷渡海来到城堡下。正在这时，此地突然发生大地震，城堡的城墙被震塌，城堡内的士兵和居民惊慌失措，纷纷逃亡。苏莱曼等人一个个斗志昂扬，杀入城中，很快占领了这座城堡。土耳其人急忙增兵 3000 人，巩固了胜利果实。后来，格利博卢城堡成为奥斯曼土耳其进攻欧洲的桥头堡。

1359 年，乌尔汗去世，他的儿子穆拉德一世即位。穆拉德一世率领奥斯曼大军继续进攻已经衰落不堪的拜占庭帝国，攻陷了一座又一座名城，拜占庭帝国被迫乞降，逐步沦为奥斯曼帝国的附庸。

俄罗斯的崛起

1240 年，蒙古西征军在成吉思汗的孙子拔都的率领下攻占了基辅罗斯的首都基辅。1242 年，占领了俄罗斯大部分土地的拔都建立了庞大的钦察汗国，许多俄罗斯的小公国被迫向他屈服。因为蒙古人住在金色的大帐中，所以俄罗斯人又把钦察汗国称为“金帐汗国”。

金帐汗国中，蒙古人只占少数，俄罗斯人占大多数。为了有效统治俄罗斯，拔都就以册封全俄罗斯大公的封号为诱饵，挑拨

这三幅图表现了16世纪上半期俄罗斯人民的生活情景，他们或骑马，或乘雪橇，或坐四轮马车外出旅行。

离间，使各个小国之间不和，甚至互相攻打，借此铲除反抗蒙古的势力，巩固自己的统治。归顺的小国王公们接受金帐汗国的敕令，向金帐汗国缴税、服兵役。为了向金帐汗国缴税和满足自己的奢侈生活，大公们竭力搜刮老百姓，老百姓们苦不堪言。

1327年的一天，一支蒙古军队来到伏尔加一带，这里是全俄罗斯大公亚历山大统治的地方。蒙古人一到这里就开始抢夺老百姓的财产，老百姓纷纷拿起武器抵抗。亚历山大也忍无可忍了，他亲自率领军队攻击蒙古人。蒙古人死伤惨重，狼狈逃走。金帐汗大怒，决定派军队讨伐亚历山大。

这时，莫斯科大公伊凡匆匆赶来求见。

“你来有什么事？”金帐汗问。

“无比尊敬的金帐汗，您千万不要为了亚历山大那个混蛋生气。为了表示我的忠心，我愿意率领我的军队和其他大公的军队为您讨伐他。此外这是孝敬您的礼物。”伊凡说完，献上了很多金银财宝。

金帐汗一看，非常高兴，说："好，打败了亚历山大，我就封你为全俄罗斯大公，让你替我收税！"

伊凡率领军队很快打败了亚历山大。亚历山大被处死后，伊凡如愿以偿地被封为全俄罗斯大公。从此，他利用手中掌握的收税权力中饱私囊，还帮助金帐汗去镇压别的小公国，同时扩大了自己的领土。到他死的时候，莫斯科公国已经成为俄罗斯最强大的公国了。到了伊凡的孙子季米特里·顿斯特伊担任大公的时候，莫斯科公国的势力又进一步发展，领土面积进一步扩大。这时的金帐汗国却四分五裂，蒙古王公们为了争夺大汗之位混战不止。季米特里决定趁金帐汗国内乱之机举兵反抗，摆脱蒙古人的统治。他率兵赶跑了莫斯科公国内的蒙古人，宣布独立。金帐汗国的大汗马麦汗非常恼火，决定教训一下季米特里。

当俄罗斯南部沦落到蒙古人手中时，俄罗斯北部的诺夫哥罗德公国在其年轻的王子亚历山大·涅夫斯基领导下却取得了一定的成功。1240 年，他在涅瓦河畔击败了一支瑞典军队，保障了国家北部边境的安全。随后，他又击退了来自西方的两次入侵，一次是条顿骑士团，一次是立陶宛人。到 1263 年他去世时，他的国家仍然保持独立。为此，他赢得了英雄和圣人的声誉。1547 年，亚历山大·涅夫斯基被封为圣人。

1380 年 9 月，马麦汗率领 15 万大军大举进攻莫斯科公国，季米特里率领 10 万大军迎战。两军在顿河南岸的库里可沃平原相遇。战前季米特里仔细观察了一下地形，库里可沃平原不大，中间是沼泽，四周是山冈和森林，不利于蒙古骑兵发挥优势。季米特里利用地形精心摆兵布阵，他将军队一字排开，中间是主力，两边是两翼，中间主力前面是先锋部队，他还将一支精锐的骑兵埋伏在蒙古军后方的森林里。

清晨的大雾刚刚散去，蒙古军队就呐喊着向俄罗斯人杀过来。俄罗斯士兵群情振奋，勇敢地冲向蒙古人。两军杀在一起，难分难解。季米特里身穿厚厚的铠甲，挥舞着大刀，奋勇杀敌。渐渐地，蒙古人占据了优势，击溃了俄罗斯人的两翼，并集中兵力向中间主力进攻。俄罗斯主力步步后退，将蒙古人引到了沼泽地带。泥泞的沼泽大大延缓了蒙古人的攻势，季米特里趁机组织俄罗斯军队反攻。

埋伏在森林中的俄罗斯骑兵看到蒙古人陷入沼泽，阵形有些混乱，俄罗斯骑兵指挥官果断下令出击。蒙古人根本没有料到自己背后还有一支伏兵，顿时军心大乱。在俄罗斯人的前后夹击下，蒙古人大败而逃，这场战役最终以俄罗斯人的胜利而告终。库里可沃之战表明，俄罗斯人是可以战胜蒙古人的。到了15世纪，莫斯科的伊凡三世统一了俄罗斯，并最终击败蒙古人，结束了金帐汗国对俄罗斯长达两个半世纪的统治。16世纪，俄罗斯已成为欧洲的一个的强国。

黑死病肆虐欧洲

1345年的一天，蒙古大军围攻克里米亚半岛的卡法城，城中的意大利商人和拜占庭军队凭借着高大的城墙拼命抵抗。整整一年过去了，蒙古人始终没有攻下。

后来卡法的守军发现蒙古人的进攻势头越来越弱，最后竟然停止了攻击。蒙古人在搞什么鬼？卡法守军百思不得其解。不过卡法守军丝毫不敢放松警惕，认为这很可能是蒙古人在为发动一场更猛烈的进攻做准备。

果然，没过几天，蒙古人再次对卡法城发动攻击。不过这次蒙古人没像以前几次那样爬上云梯攻城，而是在城下摆了好几排高大的投石机。

“发射！”随着蒙古将军一声令下，“嗖嗖嗖”一颗又一颗的炮弹，向卡法城飞来。卡法守军看到炮弹时非常吃惊，原来这些“炮弹”不是巨大的石头而是一具具发黑的死尸！不一会儿，卡法城里就堆满了很多发臭的死尸。

蒙古人发射完这些“炮弹”后，就迅速撤退了。这些腐烂的黑色尸体严重污染了卡法城的水源和空气，过了不久，很多人出现寒战、头痛等症状，再过一两天，病人便开始发热、昏迷，皮肤大面积出血，身上长了很多疮，呼吸越来越困难。患病的人快的两三天，慢的四五天就死了，死后皮肤呈黑紫色，因此这种可怕的疾病得名“黑死病”。当时的人们并不知道这是由老鼠传播的鼠疫——一种由鼠疫杆菌引起的烈性传染病。

感染瘟疫的人随时随地寻求救助，图中这个不幸的家庭寄希望于牧师的祈祷。

埋葬死于黑死病的人们

卡法城变成了人间地狱，城中的大街小巷到处都有黑色的死尸，到处都是痛苦的呻吟和绝望的哭嚎。幸存的意大利商人披着黑纱，急忙乘船逃回意大利。但他们万万没有想到，一群携带黑死病菌的老鼠也爬上了船，躲在货舱里，跟随他们来到了意大利。

意大利人很快就知道了黑死病的事，因此拒绝他们的船靠岸。只有西西里岛的墨西拿港允许他们短暂停留，船上的老鼠跑到了岛上，黑死病首先在这里传播开来。因为墨西拿港是一个大港口，每天都有很多其他欧洲国家的商船靠岸，这些老鼠又登上这些船，来到欧洲各国。于是，一场大规模的黑死病开始在欧洲迅速传播。

其实，黑死病能在欧洲迅速传播，和当时欧洲人恶劣的生活条件是分不开的。那时，就连罗马、巴黎、伦敦这些大城市，也都是污水横流，垃圾、粪便和动物的死尸随意丢弃，臭气熏天，卫生状况非常差，这就为传染病的传播提供了有利条件。城市中除了贵族和有钱人外，绝大多数平民都生活在拥挤不堪、通风不畅的狭小房间里，很多人挤在一张床上，甚至有的人家连床都没有。当时的人也很少洗澡，从贵族到农民，很多人的身上跳蚤、虱子乱蹦乱跳。

此外，由于基督徒极端仇视猫，他们认为猫是魔鬼的化身，因此蛊惑欧洲人对猫进行疯狂屠杀，致使猫几乎灭绝。老鼠没有了天敌，得以大量繁殖。

当时的医学水平根本无法治愈黑死病，一旦染病只能等死。人们把染病者关进屋子里，把门和窗全部钉死，让他们在里面饿死。有的人结成一个个的小社区，过与世隔绝的生活，拒绝听任何关于死亡与疾病的消息。有的人则认为反正是死，不如及时行乐。他们不舍昼夜地寻欢作乐，饮酒高歌，醉生梦死。有的人手拿香花、香草或香水到户外去散步，认为这些香味可以治疗疾病。也有一些人抛弃了他们的城市、家园、居所、亲戚、财产，独自逃到外国或乡下去避难。而罗马教皇则坐在熊熊烈火中间，以此来隔绝黑死病的侵袭。由于欧洲的犹太人懂得隔离传染病人的医学常识，所以死的人较少。一些别有用心的基督徒就侮蔑犹太人和魔鬼勾结，带来了黑死病，大肆屠杀犹太人。整个欧洲简直是一幅世界末日的景象。

据统计，在 14 世纪的 100 年中，黑死病在欧洲共夺去了 2500 多万人的生命，再加上饥饿和战争，大约有 2/3 的欧洲人死亡。

胡司战争

1419 年 7 月，捷克南方的塔波尔城，聚集了 4 万多农民，他们高举手中的利剑，发出了震天动地的吼声：“保卫上帝的正义！”“为胡司报仇！”震惊欧洲的胡司战争爆发了。

胡司是捷克布拉格大学的校长兼伯利恒教堂教士。当时，捷克王国的土地和矿山，大都集中在由德国的僧侣和教士担任的捷克主教和修道院长手中。他们控制着城市，在经济上和政治上形成特殊的集团，捷克人的钱财大量流入德国人手中。胡司目睹天主教会在捷克榨取农民血汗、搜刮民脂民膏的腐败行径，便决心在宗教方面进行改革。胡司的改革严重触犯了天主教会的利益，教会会议在承诺保证胡司人身安全的情况下逮捕了他，事后却宣布他为异端，处以火刑。

胡司的死，激起了捷克人民强烈的反抗情绪。捷克人民多次在布拉格举行集会，抗议教皇和皇帝的暴行与失信。他们冲进教堂，痛打僧侣，拒绝交纳杂税，驱逐德国教士，自发地掀起反对天主教的高潮，最终引发了农民起义。

农民起义军由两派组成：一是由中产阶级和中小贵族为主的圣杯派；一是由下层劳动人民为主的塔波尔派，他们是起义的主力军。在捷克著名的军事统帅约翰·杰士卡的领导下，起义军很快发展到 6 万余人，是一支兵种齐全、训练有素、纪律严明的新型军队。

捷克国王被胡司起义惊吓而死，德国皇帝西吉斯孟德宣布兼任捷克国王，意图兼并捷克，这更激起了捷克农民的愤怒。罗马教皇马丁五世和德国皇帝西吉斯孟德立即组织十字军镇压起义。1421 年，十字军开始向布拉格城推进，讨伐起义军。为对付十字军强悍的骑兵，杰士卡在布拉格城外的田野里列好阵式。他还研究出一套“战车堡垒”战术：把战车在田野里围成许多圆形阵地，每个战车都用铁链子联结在一起，战车上安装有火炮和装甲。战车围在步兵的外面，抵御敌人骑兵的冲击，火炮可以直接攻击敌

炮架

在 15 世纪的欧洲，马和手推车在战场上运载加农炮，这就意味着大炮能被运到它们最有用的地方去。当炮兵更加机动时，就能给敌人更大的打击。

人。阵形布置完后，他命人在战阵的前方挖一条深堑，上面做好伪装。

十字军骑兵开始向起义军发起进攻，前排的骑士纷纷掉进伪装的壕沟，而冲进起义军阵地的十字军骑士则被阻挡在战车外，他们手中的战斧和长矛伤不到圈内的敌人。一个个圆圈使十字军骑兵阵形被分割开来。这时起义军用弓箭、火炮攻击圈外敌人。战车内的步兵通过空隙寻找机会用挠钩把敌人拉下马，用长矛、弓箭射杀。身穿笨重铠甲的骑士落马后行动困难，不是被钩杀，就是被火炮打死。不多久，侵入阵地的骑士就所剩无几。后面的骑兵见状，准备撤退，但早已埋伏好的骑兵乘势杀来，堵住了他们的去路。此时，战车上的铁链也被收起来，车阵里的起义军冲出来追击。十字军腹背受敌，乱作一团，起义军将他们一举全歼。

在随后的几次围剿中，起义军凭借“战车堡垒”战术连连获得胜利。1424 年 10 月 11 日，杰士卡因病去世。起义军在新的统帅领导下开始反攻，一直打到德国境内。

就在节节胜利之时，起义军内部却发生了分裂。圣杯派的中产阶级和中小贵族在战争中慢慢取代了德国贵族在捷克的位置，掌握了城市的管理权。对他们来说，起义的目的已经达到，现在他们开始害怕起义军继续壮大，希望停止战争。

罗马教皇和德国皇帝见武力并不能镇压起义军，也开始拉拢和分化起义军。圣杯派背叛了起义，和德国人联合起来，共同镇压起义军。为了削弱和破坏起义军的战车堡垒战术，他们诱使起义军主动进攻，并派骑兵从侧翼突袭，起义军领袖普罗科普战死，起义军全面溃败。

这场战争，沉重地打击了教皇和德国的势力，对捷克具有重要的历史意义。而起义军车、步兵协同作战，战车工事及火炮的运用都是欧洲军事史上的创新和发展。

英法百年战争

英王爱德华三世提出应由他继承法国王位，并且修改了皇室盾形纹章，把法国的鸢尾花与英国的狮子绘在一起。

11 世纪，威廉征服英国成为英国国王后，通过联姻和继承，英王在法国占有广阔的领地。12 世纪以来，法国逐渐收回被英国占领的部分地区，力图把英国人从领土上驱逐出去，双方的矛盾越来越尖锐。富庶的佛兰德尔曾被法国夺回，但仍与英国保持密切的联系，对佛兰德尔的争夺成为双方斗争的焦点。1328 年，没有儿子的法王查理四世去世，英王爱德华三世凭借自己是法王腓力四世外甥的身份要求法国王位继承权。这样，为争夺法国的王位继承权，双方开始出兵作战，拉开了英法百年战争的序幕。

1337 年 11 月，英王爱德华三世率军入侵法国。对于岛国英国来讲，制海权是入侵法国成败的关键。1340 年 6 月，爱德华三世率领 250 艘战舰、约 1.5 万人攻击斯鲁斯海里的法国舰队，法国舰队闻讯急忙出海迎战。拥有 380 艘战舰和 2.5 万人的法国舰队向英国舰队压过来。爱德华三世不敢硬碰，指挥舰队开始有条不紊地佯退。见敌船要逃，法国舰队急速追击，阵形开始紊乱。英军舰队突然调转船头，向法军冲去。虽然数量处于劣势，但英国海军却有更丰富的海战经验，法国舰船几乎全军覆没。英国夺得了制海权，为陆上战争解除了后顾之忧。

1346 年，丧失海军的法王腓力六世大怒，他将自己精锐的重装骑兵派到前线，想用强硬的马蹄把英军踏得粉身碎骨。而当时的英国以步兵为主，根本没有与之相抗衡的骑兵。号称 6 万余人的法国骑兵在克雷西与 2 万英军步兵相遇。英王爱德华三世命令部队放慢进攻速度，引诱敌人来攻。当两队尚有一定距离时，英军强弓手开弓放箭，箭雨向法国骑士飞去。原来，英军为对付身披铠甲的法国骑士，偷偷制造了一种秘密武器——大弓，这种弓箭射程远、射速快、精确度高，能在较远处射穿骑士的铠甲。法军被箭雨打乱了阵脚，溃不成军。英国步兵抓住时机猛攻上去，与法军展开白刃格斗。身着笨重铠甲的法军陷入被动，很快被英军击败。英军控制了陆上进攻的主动权，一举占领了法国的门户诺曼底，不久又攻占了重要港口加来。英国的弓箭让法军吃尽了苦头，从卢瓦尔河至比利牛斯山以南的领土都为英国人占据。

“百年战争”中发生在斯鲁斯港口外的大规模海战

为抵抗英国的侵略，夺回丧失的土地，后来的法王查理五世改编军队，整顿税制，还任命迪盖克兰担任总司令。迪盖克兰指挥法军避开英军的锋芒，采用消耗、突袭和游击战术，发挥新组建的步兵、野战炮兵以及新舰队的威力，使英军节节败退，陷入困境。法国趁势夺回大片领土，并恢复了骑兵建制。

在战争中，法国内部矛盾日益加剧，贵族争权夺利，农民起义不断。刚登上英国王位的亨利五世乘机重燃战火，不久法国的半壁江山又沦入英军手中。英军继续向南推进，开始围攻通往法国南方的门户要塞奥尔良，法国贵族却没有一个敢去解围。

农民出身的少女贞德以神遣的救国天使名义，手持一把剑和一面旗帜带领法军冲进英军营中。贞德的勇气鼓舞着法军，他们顽强拼杀，一次次击败英军的进攻。法军击溃英军，被围困长达7个月之久的奥尔良城得救了。战争由此开始向有利于法军的方向发展，1453年，法军夺回了所有被攻占的地区，英国被迫投降。

英法百年战争给法国人民带来深重灾难，但促进了法国民族意识的觉醒；同时使英国放弃了谋求大陆的企图，转而走向海洋扩张的道路。

“圣女”贞德

1428 年，英军联合法国的叛徒集团勃艮第党人向法国发动了大规模进攻，占领了法国北方的大片领土，并包围了法国南方的门户奥尔良城。当时的情况非常危急，一旦奥尔良失守，法国南方就有全部沦陷的危险。而法国以查理王子为首的统治集团却对此束手无策，只知道逃跑。

在这种情况下，法国姑娘贞德挺身而出。贞德是法国东部洛林地区杜米列村的一个普普通通的乡下姑娘。她没有上过学，从小就帮着家里干农活、放羊。在童年时代，贞德亲眼看见了英国侵略军的暴行，从小就树立了反抗侵略的信念，她还曾参加家乡的游击队，同英军英勇作战。

听说奥尔良被围后，贞德心急如焚，她决定去找查理王子。1429 年 4 月的一天，卫兵向正在喝闷酒的查理报告说有个乡下姑娘要见他。“不见不见！”查理不耐烦地摆摆手。过了一会儿，卫兵又来报告说那个姑娘非要见他不可，说她是为解奥尔良之围而来的。

“什么？一个乡下姑娘居然能解奥尔良之围？好，让她进来。”查理冷笑着说。

不一会儿，贞德走了进来。“你叫什么名字？”查理问。

“我叫贞德。”贞德回答。

查理七世的加冕礼　油画
画面中央便是率领军队于奥尔良大败英军的“圣女”贞德。

“你能解奥尔良之围？”

“是的，我能。”贞德坚定地说。

“你凭什么这么说？”查理疑惑地问道。

“凭殿下您、伟大的法国人民和我的爱国热情。”

当时查理的处境非常糟糕，贞德的到来给他带来了一丝希望，于是他就让贞德带领6000法军去奥尔良。

贞德身穿男子的服装，披着白色的铠甲，腰配长剑，骑着高头大马，率领大军浩浩荡荡地进军奥尔良。当时英国人已经在奥尔良城外修建了很多堡垒，将奥尔良围得水泄不通。看到这种情景，很多军官和士兵都有些泄气，觉得别说解围，就算冲进去都是不可能的。

看到这种情况，贞德鼓励大家说：“大家不要灰心。堡垒是死的，人是活的。只要我们有信心，一定可以战胜敌人，攻克堡垒。”

贞德随即率领法军向英军进攻。贞德左手拿着旗帜，右手拿着宝剑，身先士卒，杀入敌阵。在她的鼓舞和带领下，法军将士个个英勇杀敌，攻克了一个又一个的堡垒。一次，贞德率军攻打一个高大坚固的堡垒时，像往常一样冲在最前面，结果不幸被英军射中一箭，贞德因失血过多而昏迷，部下急忙把她抬到后方。战斗一直从早晨持续到傍晚，法军伤亡很大，可仍然没有攻克堡垒。昏迷中的贞德听到战场上激烈的厮杀声，突然惊醒过来，她忍着伤痛，翻身上马，又呐喊着冲向堡垒。法军见贞德这样奋不顾身，士气大振，个个争先恐后，终于攻下了堡垒。英军见大势已去，只好灰溜溜地逃走了。

贞德率领大军雄赳赳气昂昂地进入奥尔良，城中的军民夹道欢迎，发出阵阵欢呼。城中教堂的钟声响彻云霄，人们整夜高唱赞美诗。奥尔良胜利的消息传出后，整个法国沸腾了，人们都亲切地称贞德为“奥尔良的女儿”。

奥尔良大捷后，贞德决定保护查理王子到兰斯城的教堂去登基，因为按照当时的规定，国王必须在那里登基才算合法。

贞德说出自己的计划后，查理和他的大臣们又一次惊呆了。因为当时兰斯城在英国人手中，去兰斯城无异于一场远征。在贞德的一再坚持下，查理只好勉强同意。贞德率领法军一路攻城略地，所向披靡，很快就攻占了兰斯城。查理在兰斯大教堂正式登

·圣女贞德节·

1431 年 5 月 30 日早晨，在鲁昂，贞德被无情的火焰吞噬了。23 年后，贞德的家属向教会申请，要求重新审查贞德案件。1456 年，罗马教廷审查后确认，贞德是无罪的，所谓异端的罪名，全属无中生有，从而撤销对她的判决。1920 年，贞德被罗马教廷封为“圣女”，不久，巴黎高等法院做出规定：每年 5 月的第二个星期日为法国贞德节。

基，成为法国国王，史称查理七世。

查理七世登基后，觉得自己的地位稳固了，又看到贞德在人民中的威信越来越高，渐渐地不再重用贞德了。同时查理七世手下的大臣们非常嫉妒贞德的功劳，害怕她夺走自己的地位，因此想方设法排挤她。

贞德要求率军收复巴黎，查理七世勉强同意，但只给了她很少的军队。因为敌众我寡，贞德在巴黎城下被打败，被迫撤退到巴黎南面的康边城。英军紧追不舍，在贞德准备退回康边城的时候，城中守军突然关上了城门，贞德被与英军勾结的勃艮第党人俘虏了。

勃艮第党人以1万金币的高价将贞德卖给了英国人，但查理七世却无动于衷，根本不去营救。被俘的贞德坚贞不屈，后来被英国人以女巫的罪名活活烧死。在贞德爱国精神的感召下，法国人民纷纷拿起武器，最终赶跑了英军，收复了全部国土。

君士坦丁堡的陷落

在奥斯曼帝国的残食下，拜占庭帝国只剩下一个城市，就是首都君士坦丁堡。

1453年，野心勃勃的奥斯曼土耳其苏丹率领20万大军和数百艘战船围攻君士坦丁堡。君士坦丁堡位于欧洲大陆的东南端，北临金角湾，南靠马尔马拉海，东面与亚洲的小亚细亚半岛隔海相望，西面与陆地相连，地势十分险要。大敌当前，君士坦丁堡的军民更是尽一切力量加固首都防御工事，除了在西面筑了两条坚固的城墙外，还在城墙上每隔100米修建一个碉堡，墙下挖了很深的护城河。在城北金角湾的入口处，他们用粗大的铁索封住海面，使任何船只都无法进入，在城东、城南临海的地方，他们也修建了高大的城墙。

攻陷君士坦丁堡的奥斯曼苏丹

4月6日，土耳其苏丹拒绝了拜占庭皇帝君士坦丁的求和，下令攻城。随着一阵阵震耳欲聋的巨响，一颗颗重达500公斤的巨石从土耳其人的大炮中发出，重重地砸在君士坦丁堡的城墙上，高大坚固的城墙顿时出现了一个个的大坑。“冲啊！”数万土耳其士兵肩扛粗大的木头，滚动着木桶，向护城河冲去，企图填平护城河，为大军攻城铺平道路。“射击！快射击！”城墙上的拜占庭军官不住地大声催促士兵反击。

拜占庭士兵趴在城墙上，躲在堡垒中，用毛瑟枪、火炮、投石机、标枪、弓箭等向城下密密麻麻的不断涌过来的土耳其人疯狂射击。没有任何防护措施的土耳其人惨叫着，纷纷倒地而亡，剩下的吓得急忙扔掉木头扭头逃回本阵。城墙下尸骨如山，血流成河，那些重伤躺在地上的土耳其人还在发出阵阵痛苦的呻吟，城墙上的拜占庭士兵一片欢腾。

看到这一幕，土耳其苏丹知道正面强攻是不行了，必须另想办法。于是他下令挖地道，准备潜入城中，打拜占庭人个措手不及。不料，地道还没有挖到城中，就被拜占庭人发觉，拜占庭人用炸药破坏了地道。

此后 4 艘拉丁船和 1 艘希腊船企图冲过土耳其人的封锁线，支援拜占庭。土耳其苏丹下令海军将他们击沉，土耳其人派出 140 多艘战舰前去拦截，结果反被击沉了很多艘，而援军的 5 艘船却顺利地进入君士坦丁堡。城中军民见来了援兵和给养，士气大振。

土耳其苏丹把海军司令叫来，臭骂了一顿，并宣布把他撤职。海军司令一听，顿时慌了神，急忙说："尊敬的苏丹，千万别撤我的职，给我一个赎罪的机会，我知道怎么攻克君士坦丁堡！""怎么攻克？"苏丹问。"用海军从金角湾进去！""胡说八道！金角湾有铁索，怎么进？"苏丹非常生气。

"有办法，金角湾北边是由热那亚商人守卫的加拉太镇，与君士坦丁堡隔海相望。热那亚商人都是些见钱眼开的财迷，只要我们给他们大量的贿赂，就可以从加拉太镇进入金角湾。""好，就照你的主意办，先不撤你的职。"

君士坦丁堡的陷落

土耳其人和热那亚人经过秘密协商，达成了协议，热那亚人同意土耳其人从加拉太镇经过。一天晚上，土耳其人的 80 艘战船来到加拉太镇。他们在岸上用木板铺设了一条道路，上面涂满了油，以减少摩擦。经过一夜的努力，这些战船终于从陆路通过了加拉太镇，进入了金角湾。

第二天早晨，守卫君士坦丁堡北墙的士兵发现了土耳其人的战舰，大吃一惊。在苏丹的亲自指挥下，土耳其士兵在炮火的掩护下，一次接一次地冲锋。君士坦丁堡内的所有教堂的钟声都敲响了，拜占庭皇帝亲自登上城头，激励士兵拼死作战。可就在这时，一件不可思议的事情发生了。一群士兵从城墙上的小门出击，返回后忘了将门锁紧！土耳其人发现了拜占庭人这一致命的疏忽，他们立即结集重兵，猛攻这个小门，终于攻进这座城市。

土耳其人进城后，疯狂地屠杀城中的居民，四处抢劫，很多豪华的建筑都被他们付之一炬。不过，土耳其苏丹并没有毁灭这个城市，抢掠过后，他把奥斯曼帝国的首都迁到这里，改名为伊斯坦布尔。

郑和下西洋

明朝初年，郑和入宫做了内监，成为燕王朱棣的侍从。后因在“靖难之役”中立功，朱棣登基成为明成祖，赐他姓郑，并做了太监总管。

明成祖即位后，明朝成为当时生产力最发达、经济实力最雄厚的国家之一。为了树立和扩大明朝在海外的威望和影响，恢复和发展同海外各国的友好关系和贸易往来，明成祖决定派郑和率领船队远赴西洋。

1405 年，郑和率领船队，带着大量的丝绸、瓷器、粮食等物资，开始了第一次远航。这次远航途经满剌加（今马六甲），最终到达印度半岛西南著名的大商港的古里（今卡利卡特）。在满剌加和古里，他受到了两地国王的欢迎，宣读了明朝皇帝的国书，向两位国王赠送了礼物，并分别在两国立碑纪念。郑和还在满剌加建立了仓库，存放货物，作为远航途中的一个中转站。

郑和回国途中路过三佛齐国时，遭到了当地恶霸酋长陈祖义的袭击，郑和一举消灭了陈祖义，为海上往来的客商除掉了一大祸害，使这一带的海域畅通无阻。1407 年，郑和结束了第一次远航，顺利回到南京。

同年，郑和船队从刘家港启航，开始了第二次下西洋。船队经过占城，到达爪哇国。当时，爪哇国西王和东王之间发生战争，郑和船队的人员上岸进行贸易时，被西王的士兵杀死了 170 多人，郑和立即率军登陆，保护船队成员和当地华侨。西王自知理亏，就派使臣随郑和到明朝谢罪。此后，爪哇一直和明朝保持着友好往来。

离开爪哇之后，郑和又到了暹罗，然后前往柯枝国。柯枝是古代印度对外贸易的重要海港，和中国一直保持着友好关系。郑和船队的商人们用中国的丝绸、瓷器等和柯枝商人进行贸易，收购胡椒和各种珍宝。离开柯枝，郑和又率领船队南下来到了锡兰(今斯里兰卡)。郑和向锡兰王递交了国书，赠送了礼物，还在锡兰山立佛寺立了一块纪念石碑。1409 年夏，郑和结束了第二次远航，回到了南京。

1409年秋，明成祖又派郑和三下西洋。郑和船队首先到达占城，离开占城后，郑和再次到达锡兰。

郑和像

当时的锡兰国王极其凶残贪婪，他听说郑和船队携带大量珠宝财物，就想把船上的东西据为己有。他打算让自己的儿子找机会逮捕郑和等人，好向明朝政府敲诈勒索，同时派军队到海边去抢劫明朝的船队。但是，他的诡计被郑和识破，郑和巧妙地避开锡兰人的袭击，迅速带兵包围了锡兰王的王宫，俘虏了锡兰王，并押送回国。明成祖宽宏大量，又派人把他送了回去，两国重归于好。

1411年，郑和第三次远洋归来，19个国家的使节随同他一起到明朝来访问，明朝的对外关系达到了一个高潮。

郑和三下西洋基本打通了中国沿海通往印度半岛的航线，为了进一步打通去往波斯湾各国的航路，1413年，明成祖又派郑和第四次远航，横渡印度洋，前往波斯湾。郑和先到达占城，又访问了东南亚诸国，并到了苏门答腊。在苏门答腊，郑和帮助苏门答腊国王稳定了国内局势，原先所建的仓库也得到了保障。郑和船队在古里略加休整后，横渡印度洋，来到波斯湾口的忽鲁谟斯，受到国王和百姓的隆重欢迎。当地人奔走相告，争相用珊瑚、珍珠、宝石等交换中国的丝绸、瓷器。国王还派出使臣带了狮子、鸵鸟、长颈鹿等珍禽异兽和许多的珍宝，随同郑和一起回访中国，此后，两国的经济文化交流更加频繁了。回国途中，郑和还到了美丽的海岛国家溜山国（今马尔代夫）。

1426年，郑和第六次下西洋，绕过了阿拉伯半岛，经红海岸边的阿丹国，又一直向南航行，到达了非洲东部海岸。郑和的船队经过东非红海沿岸的剌撒，绕过非洲东北角，继续南行，到了木骨都索（今索马里首都摩加迪沙）。

郑和到达麻林（今肯尼亚）之后，由于那里全是热带雨林，渺无人烟，最终放弃前行，从麻林启航回国。郑和回来时，有16个国家的使臣随他到中国访问。此后，明成祖又派郑和带着国书和大量的礼物，率领船队护送这些使臣回去。于是，郑和的船队

·郑和船队·

郑和所率领的船队是当时世界上装备最先进，战斗力最强的海上舰队。据专家考证，郑和下西洋的船只至少有6种，分别为宝船、马船、战船、座船、粮船、水船。宝船，也就是帅船，上面装载珍贵的朝贡宝物；马船，是船队的补给船，回航时可安置各国进贡的动物，也可以用于作战；战船，主要用于作战之需，吨位小，机动灵活，上面有战斗员，配置有火器，负责保障整个船队安全；座船，用于防范海盗袭击，执行两栖作战；粮船和水船主要是装载粮食和淡水。

再次来到非洲东海岸各国。郑和船队的两次到来，对这些国家产生了很大的影响，对增进中非人民的友谊，促进彼此之间的经济文化交流，都有着重要的意义。

明成祖病逝后，即位的明仁宗下令停止下西洋，明朝对西洋各国的政治影响也随之减弱，海外贸易开始衰落。1431 年，为了改变这种局面，明宣宗再次派已经 60 岁的郑和第七次下西洋。第七次下西洋，郑和几乎走遍了南海、北印度洋沿岸各国、阿拉伯半岛和非洲东岸的国家。1433 年，郑和船队在满剌加装载货物，返航回国。

郑和七下西洋是世界航海史上空前的壮举，他加强了海上丝绸之路，扩大了明朝对外的影响。他的足迹遍及今天的东南亚、印度洋沿岸和非洲东海岸的 30 多个国家和地区，扩大了中国和这些国家的贸易往来，促进了彼此之间的经济文化交流。

郑和的航线被绘制成《郑和航海图》，这是我国第一份远洋航海图，不仅丰富了我国人民的地理知识，对后世的航海事业也产生了很大的影响。郑和的随员写的《瀛涯胜览》《星槎胜览》《西洋番国志》等书，也成为世界航海史、地理学史以及中外交通史的重要文献。

“玫瑰战争”

百年战争失败后，英国国内各阶层矛盾越来越尖锐，英国皇室内部争斗更为激烈。在这种长期的争斗中，英国皇族后裔的两个家族逐渐形成了两大对立的贵族集团：一是以红玫瑰为标志的兰开斯

在巴尼特战役中，约克家族的国王爱德华四世打败了兰开斯特家族的亨利六世的军队。

特派，它代表着西北经济落后地区的贵族集团；一是以白玫瑰为标志的约克派，它代表着东南部经济比较发达地区的贵族集团。围绕着英国王位继承权问题，两大集团进行了激烈的争夺，英国朝政更为混乱。1454年12月，约克公爵查理在宫廷斗争中失利，开始举兵反对兰开斯特家族出身的国王，玫瑰战争开始。

1455年5月22日，约克公爵联合沃里克伯爵等贵族从南方调遣3000人发起对兰开斯特派的进攻。兰开斯特家族出身的国王亨利六世和王后玛格丽特率军队2000余人在圣奥尔本斯迎战。约克军密集的弓箭和火炮打败了国王军队，国王受伤后被俘，而王后玛格丽特则逃到了苏格兰。约克公爵迫使国王承认他为王位继承人，玛格丽特闻讯大怒，从苏格兰借兵反攻约克，双方在威克菲尔德展开激战。人数占优的玛格丽特军一举击败约克军，并将约克及其次子杀死，把他的首级扣上纸做的王冠悬挂示众。

约克公爵的死，使约克派贵族的拥护者极为愤怒，他们拥立约克公爵的儿子爱德华为王，称为爱德华四世。在沃里克伯爵的帮助下，1461年3月，爱德华四世率领4万余人向北进军，攻打玛格丽特。玛格丽特带军 6 万迎击，两军在陶顿相遇。

陶顿位于地势较高的山丘上，玛格丽特的军队居高临下，地势较为有利。但是，这一天却刮起强劲的南风，雪暴风狂，使人睁不开眼睛。同时，玛格丽特军枪炮的射程和威力也因逆风而大打折扣。爱德华四世却正好相反，虽然处于地势较低之处，但风雪却使他们的弓箭枪炮威力大增。借着风势，爱德华向山上发起猛攻，兰开斯特军损失惨重。虽说占有人数上的优势，但恶劣的自然条件却抑制了玛格丽特的军队。

为了扭转被动的防守局面，玛格丽特下令向山下的爱德华军队发动反攻，双方在风雪中展开肉搏。一直激战到傍晚，仍然未分出胜负。突然，玛格丽特军队的侧翼开始骚动。原来，爱德华四世的后续部队赶到，并从防守较弱的玛格丽特军侧翼进行猛攻。玛格丽特军队发生混乱，无法抵挡。爱德华四世率领将士一鼓作气，一直追杀到深夜。玛格丽特趁乱带着亨利六世和幼子又一次逃往苏格兰。

1465 年，亨利六世再次被俘，被爱德华四世囚禁在伦敦塔，基本肃清了兰开斯特派的势力。

约克派掌握政权后，内部的矛盾开始显露出来，国王爱德华四世与实权人物沃里克伯爵产生了不可调和的冲突。沃里克发动反叛，把爱德华俘获，关在监狱里。爱德华出狱后又重新组织力量，一举将沃里克赶到法国。沃里克便与兰开斯特家族结成联盟，并在法国的支持下，卷土重来，爱德华不得不逃亡到他妹夫勃艮第公爵那里。

沃里克掌权后，英国人民对他的统治极为反感，国内矛盾再一次升温。爱德华抓住这一有利时机，于1471年3月亲率军队在尼巴特和沃里克展开决战。这天浓雾迷漫，仅有9000人的爱德华决定以先发制人的战术突袭对方，于是他率部队提前出发，而沃里克想依靠2万人的绝对优势采取迂回战术夹击对方。激战开始后，浓雾使双方分不清敌我，死伤惨重。爱德华趁势猛攻，沃里克在交战中被杀。兰开斯特的军队抵挡不住，几乎全军覆没。爱德华抓住了王后玛格丽特，并将她和她的幼子及许多兰开斯特派贵族杀死，只有兰开斯特的远亲亨利·都铎逃脱。

1485年，亨利·都铎率军击败英王查理三世并将其杀死，结束了历时30年的玫瑰之战，都铎登上王位后，与爱德华四世的长女伊丽莎白结婚，至此两大家族重新修好。

“玫瑰战争”是贵族自己实施的大手术，使英国两大家族为首的贵族几乎全部消亡，新兴贵族和资产阶级的力量逐渐发展起来，政治也逐渐统一。

文艺复兴时期

哥伦布发现新大陆

哥伦布(1451 ~ 1596年)出生于意大利的热那亚城，那里航海业发达，年轻的哥伦布热衷于航海和冒险，这些条件为其日后的远航打下了基础。

十五六世纪的欧洲，地圆学说已广为传播。人们相信从欧洲海岸出发一直向西，便可以到达东方。《马可·波罗游记》把东方描写为遍地是黄金和香料的天堂。当时的欧洲，随着商品经济的发展和资本主义萌芽的出现，发生了所谓的“货币危机”，即作为币材的黄金、白银严重匮乏。许多欧洲人狂热地想到东方去攫取黄金，以圆自己的发财梦，哥伦布便是其中的代表人物。

梦想归梦想，去东方在当时可不是一件容易的事。传统的东西之间陆上贸易通道已被崛起的奥斯曼土耳其帝国隔断，地中海上的通路又为阿拉伯人把持。欧洲人要圆自己的梦，必须开辟新船路。可喜的是，此时中国的指南针业已传入欧洲，而欧洲的造船业也达到相当的水平。这时，年富力强的哥伦布认为条件已经成熟，决定进行一次远航。

第一次航行并不顺利，首要的问题是找不到赞助支持者。1486年，哥伦布就向西班牙王室提出了自己的设想，直到1492年才获批准。在西班牙王室支持下，哥伦布于当年的8月3日率领3艘帆船和87名水手从巴罗士港出发，向正西驶去。经过两个多月的颠簸，哥伦布一行终于发现了一片陆地，草木葱茏。他们欣喜地上岸，并将其命名为圣萨尔瓦多，意为救世主。这个岛屿就是巴哈马群岛中的一个，现名为华特霖岛。这时哥伦布犯了一个错误，他以为已经到了印度，就没有再向西，而是转道向南，沿着海岸线，陆续到达了今天的古巴和海地。他称这一带的土著民族为印第安人（即印度人），并了解了他们的风土人情，只是没有找到大量的黄金。

虽然没有直接获取黄金，但哥伦布也不虚此行。他一上岸就与当地的土著进行欺诈性贸易，以各种废旧物品换取他们珍奇、贵重的财物。而善良的土著人待之如上宾，主动帮助他们适应当地的生活方式，如建筑房屋、采集和狩猎等。这些野心勃勃的殖民者却在站稳脚跟后，对当地人进行疯狂掠夺和残酷的压榨。临走的时候，还虏走了 10 名印第安人。就这样，哥伦布及其船队

·亨利的航海探险·

亨利王子是葡萄牙国王若奥一世的三王子，因设立航海学校、奖励航海事业而被称为“航海者”。1415 年，亨利亲自率军突袭休达，仅用一天时间就攻克休达。后人把这看作是葡萄牙人对外扩张的开端。1420 年，亨利派出了他的第一支仅有一艘帆船的探险队，向南寻找几内亚。探险途中，船被风吹向了西方，马德拉群岛就这样被发现了。1427 年，他向西南探险的舰队又发现了亚速尔群岛。1444 年，亨利组织了以掠夺奴隶为目的的航行，一次带回来 200 多名奴隶，并在拉古什郊外出售，这是欧洲 400 年罪恶的奴隶贸易的开始。1448 年，亨利王子派人在布朗角的阿尔金岛建立永久性的堡垒，作为葡萄牙探险的贸易中转站。1460 年亨利病逝，标志着葡萄牙海上探险史上一个伟大时代的结束。

于1493年的3月15日回到出发地巴罗士港，向人们宣布他已找到去东方的新航路。哥伦布由此受到国王的嘉奖，平步青云地跻身贵族行列。

不久，尝到甜头的西班牙王室有意让哥伦布再度远航。第二次航行，哥伦布到达海地和多米尼加等地区。之后哥伦布又两次航行美洲，但最终也未能给西班牙王室带回可观的黄金，终于受到冷落。1506年的5月20日，哥伦布在西班牙的瓦里阿多里城郁郁而终。

哥伦布发现了美洲新大陆，但到死都认为自己到了印度，今天的东印度群岛的名称即来源于此。美洲的发现开拓了人们的眼界，使世界逐步连为一体，对于扩大世界范围内的交流和推动人类文明进步有一定积极意义；同时也引发了欧洲大规模的殖民扩张，给当地的人民带来空前的灾难。

麦哲伦环球航行

费尔南多·麦哲伦，世界著名航海家，出身于葡萄牙贵族。10岁左右时，他被父亲送入王宫服役，1492年成为王后的侍从。16岁时，他进入葡萄牙国家航海事务厅，因而熟悉了航海事务的各项工作。1505年，麦哲伦参加了一支前往印度探险的远征队，不久因心理素质好、组织能力突出被推举为船长。此后，麦哲伦带领船员多次到东南亚一带探险和游历，积累了丰富的航海知识和航海经验。他根据古希腊人所提出的地球是圆形的说法，坚信穿过美洲东面的大洋就能到达东南亚，于是决定做一次环球航行。

香料之路

自从罗马时代以来，香料作为食品的调料以及药剂的原料一直为欧洲人所看重，它们出产于热带地区，从陆地上运送到西亚的港口，威尼斯人控制着向欧洲进口香料的贸易。16 世纪，欧洲人渴望直接获得香料，这刺激了他们到东方进行探险，葡萄牙开始从印度运走胡椒，从斯里兰卡运走肉桂，从摩鹿加群岛运走肉豆蔻和丁香，从中国运走姜。香料易于大规模运输且获利丰厚，为了更加降低运送到北欧的香料运输成本，葡萄牙人将主要的销售中心从里斯本转到了阿姆斯特丹与安特卫普，到 1530 年，安特卫普成为欧洲最为富庶的城市，其后进一步成为西班牙从秘鲁输入白银的中心。

麦哲伦先求助于葡萄牙王室，未果，转而向西班牙国王请求资助。西班牙国王查理虽然在口头上表示坚决支持麦哲伦的探险计划，但在实际行动中并不慷慨，只给了他少量资金。由于资金紧张，麦哲伦只购买了 5 艘破旧不堪的船只，最大的载重量只有 120 吨，最少的仅 75 吨。这些航船很难经受住大风浪的考验，被人们戏称为“漂浮的棺材”，但这些并没有破坏麦哲伦的计划。

麦哲伦率领一支由 5 艘帆船和来自 9 个国家的近 270 名水手组成的船队，于 1519 年 9 月 20 日从西班牙塞维利亚港出发，向西驶入大西洋。6 天以后到达特内里费岛，稍事休整，10 月 3 日继续向巴西远航，途中曾在几内亚海岸停靠，终于在11月29日驶抵圣奥古斯丁角西南方27里格处(里格，长度单位)。之后，船队继续向南，次年的3月到达阿根廷南部的圣朱利安港。当时的自然条件对航行极为不利，寒冷的天气使得缺衣少食的船员开始怀疑此行的价值，人心不稳，最终发生了3名船长叛乱事件。麦哲伦凭其卓越的领导才能，果断地平息了叛乱，处死了肇事者。船队在圣朱利安港一直待到这一年的8月，为的是等待气候的好转。

根据麦哲伦等人的航海日志，船队于1520年8月24日离开圣朱利安港南下，10月21日绕过了维尔京角进入了智利南端的一道海峡(后被命名为麦哲伦海峡)。由于该海峡水流湍急，麦哲伦的船队只得小心翼翼地探索前进，经过20多天他们才驶出海峡，在此期间有两条船沉没。10月28日，麦哲伦等人出了海峡西口进入“南面的海”，有趣的是在这片海域的110天航行竟然没有遇上过巨浪，故而船员称之为“太平洋”。由于长时间的曝晒，船上的柏油融化，饮用水蒸发殆尽，食物也变质甚至生了蛆虫。船员无奈之下只得以牛皮绳和舱中的老鼠充饥。其艰难困苦可见一斑，但最危险的时刻还没有到来。

经过严重的减员之后，麦哲伦的船队于1521年3月抵达马里亚纳群岛中的关岛。在这里船员们获得梦寐以求的新鲜食物，他们感觉自己好像进入了天堂。他们停下来休整了一段时间以恢复体力，之后他们继续向西航行，到达了菲律宾群岛。

在登上菲律宾群岛的宿雾岛后不久，这些殖民者的本来面目就显露出来。麦哲伦妄图利用岛上两部落的矛盾来控制这块富饶的土地，不料在帮助其中一个部落进攻另一个部落时，被土著人杀死。

麦哲伦死后，环球航行面临夭折的危险，幸好麦哲伦的得力助手埃里·卡诺带领余下的两船逃离虎口，他们穿过马六甲海峡进入印度洋，这时仅有的两只船又被葡萄牙海军俘去一只。埃尔·卡诺只好带领仅存的“维多利亚”号绕过好望角，回到西班牙的塞维利亚港，已是1522年的9月6日。经过3年多的航行，原来浩浩荡荡的船队只剩下一艘船和18名船员，可见这次航行代价之惨重。

历时3年有余的环球航行，以铁的事实证明了地球是圆的，使天圆地方说不攻自破，同时也使世界的形势大大改观，宣布了一个新时代的到来。麦哲伦等人为世界航海史、科学史做出巨大贡献的同时，客观上也给殖民主义扩张开辟了广阔的道路。

皮萨罗的欺诈

地理大发现之后，西班牙大肆搜刮殖民地的金银珠宝和丰富物产，后来，追名逐利的西班牙冒险家把目光转向南美。南美印加人在太平洋沿岸、安第斯山脉西侧建立了印加帝国，它包括今天的秘鲁、厄瓜多尔和玻利维亚西部以及智利北部地区，疆域辽阔，资源物产极为丰富。

印加人金像

1522年，目不识丁的冒险家佛朗西斯科·皮萨罗得知印加帝国的存在后，暴露了贪得无厌、奸诈狡猾、野心勃勃的本性，决心征服印加帝国。

1528年，皮萨罗成功登上秘鲁海岸，并满载黄金等物产而归。次年，西班牙政府授权他征服印加帝国。1531年1月，年已56岁的皮萨罗率领由180人、2门大炮和27匹马组成的远征军从巴拿马启航，开始了他的征服历程。

1532年，皮萨罗登上秘鲁海岸后，率领他的小部队沿安第斯山脉向内地深入。当时，印加帝国正处于内乱纷争之中，掌握帝国军权的阿塔华尔帕，杀害他的哥哥印加皇帝，自行称帝。忙于内乱的他并没有对外来入侵做什么防御。了解情况后的皮萨罗，

秘鲁印加文化遗迹——马丘比丘

“马丘比丘”的意思是“古老的山峰”，它坐落于安第斯山脉地区两座险峻的山峰之间，是印加帝国的都城遗址。这座建于西班牙人入侵前100年的城堡，现已成为传奇般的印加文明最著名的遗迹。

根据印加帝国高度的中央集权制、皇帝被人们神圣化的特点，决定采用捕获阿塔华尔帕，然后折服印加的方法。当时，阿塔华尔帕正在卡赛马卡城，皮萨罗遂命令部队向该城进发。

皮萨罗率军抵达卡赛马卡城下，于11月16日邀请阿塔华尔帕前来赴会。虽然皮萨罗从登陆第一天就暴露出罪恶目的和他的极度残忍的本性，但阿塔华尔帕并没有防备，带领5000名手无寸铁的侍从前来赴会。埋伏在周围的西班牙步兵和骑兵，在炮火的配合下突然伏击走进包围圈的印加人，皮萨罗趁势上前，挥舞佩剑，擒获印加皇帝。皇帝的侍从也全在西班牙人的刀剑、枪炮中阵亡。

一切和皮萨罗预料的一样，因为阿塔华尔帕被囚禁，印加人对西班牙的入侵没有做出任何反抗。为了赎回自己的皇帝，印加人在一间6.7米长、5.2米宽的屋子里堆满黄金，并交给皮萨罗。皮萨罗只拿出小部分交给西班牙政府，其余的都私分了。几个月后，皮萨罗背信弃义，处决了阿塔华尔帕。

1533年11月15日，皮萨罗率领部队进入印加首都库斯科。印加人习惯了服从的生活，没有了皇帝使他们不知所措，陷入无政府状态，所以皮萨罗并没有遇到抵抗。他洗劫完城池后，便任命曼科为印加新皇帝，扶植他作为傀儡。1535年，皮萨罗建立利马市，后来，该市成为秘鲁的首都。

1536年，不甘心成为傀儡的曼科逃跑，并积极组织原印加军队数万人，反抗西班牙人的殖民统治。这时西班牙内部因利益分配不公矛盾激化，皮萨罗最亲密的同事阿尔玛格罗密谋叛乱，于1537年被皮萨罗处死。但贪婪、残酷的皮萨罗并没有解决好这一问题，内部积怨越来越深。1541年，阿尔玛格罗的追随者再次叛乱，闯入皮萨罗在利马的邸宅，用利剑刺进他的喉咙。

虽然内部发生叛乱，但西班牙人并没有因此而停止对印加人的镇压。1572年，西班牙人摧毁了曼科在维尔卡班巴河上游的避难所，印加人的反抗被平息，印加帝国灭亡。皮萨罗的征服创造了仅用180人征服600万人的帝国的奇迹。

印加帝国灭亡后，美洲重要的印第安文明中心被毁灭，印第安人的历史进程被迫转向。整个拉美地区都被纳入到殖民主义和商业化的轨道上，西班牙成为中南美洲的统治者。

文艺复兴

14世纪前后，意大利半岛出现了一些城市国家，比如佛罗伦萨、威尼斯和热那亚等。这些城市国家有发达的商业和手工工场，是欧洲经济最发达的地区，产生了商人和工场场主等新兴的资产阶级。他们渴望摆脱中世纪神学对人们精神的控制，要求以人为中心，而不是以神为中心，渴望享受世俗的快乐，追求人生的幸福。

14世纪末，奥斯曼帝国攻陷了东罗马帝国的首都君士坦丁堡，东罗马帝国灭亡。许多东罗马的学者带着大批的古希腊古罗马文学、历史、哲学等书籍和艺术品，逃往西欧避难，其中有很多人逃到了意大利。一些逃到佛罗伦萨的东罗马学者在当地开办了一所叫“希腊学院”的学校，专门讲授古希腊的辉煌文明和文化，这让当时只知道《圣经》的佛罗伦萨人耳目一新。后来意大利和欧洲其他地区也开办了很多类似的学校。欧洲人发现古希腊文明的一切竟然是那么美好，中世纪的一切是那么丑恶，因此许多学者呼吁复兴古希腊古罗马的文化艺术，得到了新兴资产阶级的支持，欧洲掀起了一场声势浩大的“希腊热”浪潮，当时的人们把这场运动称为“文艺复兴”。

文艺复兴之所以首先发生在意大利，是因为意大利在地理和文化上是古罗马的继承者，古罗马的文明在意大利保存得最多也最完整。古罗马人是意大利人的祖先，复兴祖先的文化艺术，对意大利人来说是一件非常光荣的事。

文艺复兴的先驱是但丁。但丁在他的长诗《神曲》中描写自己在古罗马诗人维吉尔和自己恋人的带领下游历了天堂、地狱和炼狱，在地狱里但丁看到了很多历史上的盗贼、暴君和恶人在这里受苦，甚至当时还活着的教皇也在这里有一个位置，而那些高尚的君主和圣贤则在天堂中享福。《神曲》将批判的矛头直指天主教会，表达了诗人对它厌恶，但丁因此被誉为中世纪最后一名诗人和新时代

具有文艺复兴风格的佛罗伦萨圣十字教堂

第一位诗人。

14世纪的一天，一个年轻人不顾修道士的阻挠，闯入罗马附近的一个修道院的藏书室中。这个修道院是在罗马帝国灭亡后不久建立起来的，它的藏书室中收藏了很多古罗马的书籍。但在漫长的中世纪，没有一个修道士对这些书感兴趣，所以也就没有人去翻阅它们。年轻人推开早已腐烂不堪的木头门，看见一屋子的珍贵书籍上落了厚厚的灰尘。他擦去这些灰尘，发现了很多珍贵的古书，甚至还有许多早已失传的书。看到这一切，年轻人兴奋得又哭又笑，随后赶来的修道士都觉得这个人的精神不正常。他顾不上那些修道士的抗议和呵斥，就开始埋头整理这些无价之宝。

这个年轻人就是文艺复兴的著名代表之一、意大利小说家、佛罗伦萨人薄伽丘。当时佛罗伦萨是个城市共和国，它的工商业是欧洲最发达的。经济的发达也带动了文化的发达，佛罗伦萨第一个高举“文艺复兴”的大旗，开展了反教会反封建的新文化运动。薄伽丘满怀激情，投入到了这场轰轰烈烈的运动中。他创作的小说集《十日谈》以佛罗伦萨黑死病大流行为背景，讲的是3个女子和7个男子躲到一个乡间别墅，为了打发时间，每人每天讲一个故事，一共讲了10天。这些故事有的是薄伽丘自己的见闻，有的是各地的奇谈传说，对当时的国王、贵族、教会等势力的腐朽黑暗大加讽刺，揭露了他们的虚伪本质。因此薄伽丘备受教会势力的咒骂攻击，他一度想烧毁自己的著作，幸亏好朋友彼特拉克劝阻，才使《十日谈》得以保存下来。

薄伽丘的好朋友彼特拉克被称为“人文主义之父”，他提出了要在思想上摆脱封建主义的束缚，要一切以人为中心，要关心人、

·彼特拉克·

彼特拉克（1304 ~ 1374 年），意大利诗人和学者，其父原为佛罗伦萨的律师，早年受父命研习法律，但酷爱文学。父亲去世后潜心学习古罗马著作家的著作，并从事诗文创作。1341 年，在罗马的卡匹托利山上接受了“桂冠诗人”的美称。他平时喜爱旅游，欣赏大自然的优美，并借机搜集散佚在民间的古典名著原稿，然后用人文主义观点加以阐释。他的著作很丰富，著名的有《歌集》《阿非利加》《意大利颂》《名人列传》，他作品中的人文主义思想对欧洲文学产生了极大影响。

尊重人，给人以自由。彼特拉克强烈反对天主教会以神为中心的封建教义，反对人一生下来就有罪的说法，他认为人应该掌握自己的命运，人是伟大的，应该享受人生的快乐。彼特拉克第一次提出了以人为中心的“人文主义”进步思想。

文艺复兴预示中世纪“黑暗时代”的结束。后来，文艺复兴逐渐从意大利向欧洲其他国家扩展，文艺复兴的领域也由原来的文学扩展到美术、医学、天文学、航海等，极大地促进了欧洲的发展，使欧洲成为近代最发达的地区。

大诗人但丁

但丁出生于意大利的佛罗伦萨，父母早亡，由姐姐抚养长大。10 岁前，他就读完了古罗马作家维吉尔、奥维德和贺拉斯等人的作品，对维吉尔推崇备至，视之为理性的象征和引导自己走出人生迷途的第一位导师。12岁时，他拜意大利著名学者布鲁内托·拉蒂尼为师，学习修辞学、神学、诗学、古典文学、政治、历史和哲学。拉蒂尼对但丁影响很大，被他称为“伟大的导师”，“有父亲般的形象”。但丁的青年时代是在读书中度过的，他勤奋好学，求知欲十分强烈，曾经到帕多瓦、波伦那和巴黎等地的大学深造，对美术、音乐、诗学、修辞学、古典文学、哲学、神学、伦理学、历史、天文、地理和政治都有很深的研究，成了一个多才多艺、学识渊博的学者。

手持《神曲》的但丁像

少年时，但丁曾经历了一场刻骨铭心的爱情。有一位名叫贝阿特丽齐的少女，她端庄、贞淑与优雅的气质令但丁一见钟情，再不能忘。遗憾的是贝阿特丽齐后来遵从父命嫁给一位银行家，婚后数年竟因病夭亡。哀伤不已的但丁将自己几年来陆续写给贝阿特丽齐的31首抒情诗以及散文整理在一起，取名《新生》结集出版。诗中抒发了诗人对少女深挚的感情，纯真的爱恋和绵绵无尽的思念，风格清新自然，细腻委婉，是欧洲文学史上第一部剖露心迹、公开隐秘情感的自传性诗作。1291年，在亲友的撮合下，但丁与盖玛结婚，生有两男一女。

《神曲》插图　波提切利
波提切利为但丁的《神曲》绘制了大量的插图。

但丁不是一位只埋头于故纸堆的学究，他积极投身于争取共和和自由的政治斗争。但丁的故乡佛罗伦萨是欧洲最早出现资本主义萌芽的城市之一，也是新兴的资产阶级同封建贵族激烈斗争的中心。但丁在青年时代就加入了代表资产阶级利益的归尔弗党，参加反对封建贵族和罗马教皇专制统治的政治斗争。1300 年，归尔弗党建立了佛罗伦萨共和国，但丁被任命为最高行政会议 6 大行政官之一。但共和国不久后失败，但丁遭到放逐，从此再也没有回到佛罗伦萨。在流放期间，但丁创作了《飨食》《论俗语》《帝制论》3 部作品。《飨食》介绍了从古至今的科学文化知识，激烈批判封建等级观念，是意大利第一部用俗语写的学术性著作;《论俗语》论述了意大利各地区方言的历史演变与特点，为意大利民族语言的发展奠定了理论基础;《帝制论》第一次从理论上阐述了政教分离、反对教皇干涉政治的观点，向封建神权勇敢地提出挑战。

意大利北部名城拉文那的君主是位很有文化修养的骑士，他非常仰慕但丁的文学才华，邀请但丁到拉文那去定居。但丁到拉文那后，创作了他一生中最伟大的著作《神曲》。《神曲》是一部采用中世纪梦幻文学形式写成的长诗，描写诗人梦幻游历“地狱”“炼狱”“天堂”三界的经过。但丁在诗中对教会的贪婪腐化和封建统治的黑暗残暴进行了无情抨击，赞美现实生活并强调人的价值，体现了人文主义的新思想，为文艺复兴运动的兴起开辟了道路。《神曲》是用意大利方言写成的，为意大利文学语言奠定了基础，因此但丁被意大利人称为“民族诗人”。

晚年时，但丁与妻子盖玛和已经长大成人的三个孩子在拉文那团圆，得享天伦之乐。1321年秋，但丁不幸染上疟疾，不久便去世，享年56岁。但丁在世时，一直希望能够重回故乡，但未能如愿。但他坚信等《神曲》全书出版后，佛罗伦萨人民会请他返回故里，并给他戴上桂冠，因此还婉言谢绝了波伦那大学授予他的桂冠诗人称号。他死后，被拉文那人民戴上桂冠，隆重安葬。

几世纪后，佛罗伦萨人想把但丁的遗骸迁回故乡，市政府甚至在圣克洛斯教堂为他修筑了一座高大的墓冢。但迁葬一事遭到了拉文那人民的坚决反对，他们认为但丁是他们的光荣。结果直到现在，佛罗伦萨的但丁墓仍然是一座空穴。

文艺复兴美术三杰

16世纪，文艺复兴运动逐步走向繁荣，意大利涌现出很多著名的艺术家、文学家和科学家，其中达·芬奇、拉斐尔和米开朗琪罗被称为“文艺复兴美术三杰”。

达·芬奇是佛罗伦萨人，他学识渊博，多才多艺，被认为是世界上智商最高的人，他在多个领域都有所建树，但使他闻名于世的是他的绘画。

达·芬奇的代表作是为米兰的圣玛利亚修道院画的壁画《最后的晚餐》和肖像画《蒙娜丽莎》。《最后的晚餐》取材于《圣经》，描绘了耶稣在被捕前的一个晚上吃晚餐时，对12个门徒说："你们当中有人出卖了我。"12个门徒顿时震惊了，他们有的愤怒，有的怀疑，有的极力表示自己清白，有的询问，有的讨论，只有一个人紧握着钱袋，惊惶失措，身体后仰，他就是收了敌人银币后出卖耶稣的叛徒犹大。达·芬奇将这12个不同性格的人，描绘得惟妙惟肖，以艺术的手法谴责了叛徒犹大的卑鄙行为。这幅画是世界绘画史上的经典之作，1980年，《最后的晚餐》被列为世界文化遗产。相传在画这幅画时还有一个有趣的故事。达·芬奇为了画好耶稣，就去找了一个相貌端庄的模特，照着模特的样子画。画好以后，达·芬奇非常满意，就给了模特一大笔钱。几年后，达·芬奇要画犹大，就去找了一个相貌猥琐的乞丐，照他的样子画了犹大。没想到，乞丐放声大哭，对达·芬奇说："是你害了我！我就是以前的那个模特，你给了我一大笔钱后，我就开始过起奢侈的生活，但很快就把钱花光了，只好当了乞丐。"达·芬奇听了感慨不已。

蒙娜丽莎 达·芬奇
现藏于巴黎卢浮宫。

有一天，一个富商请达·芬奇给他的妻子画像。这位贵妇人刚刚失去了小女儿，心里万分悲痛。达·芬奇为了让她微笑，特意请来一个喜剧演员，给她讲笑话，做各种滑稽的动作，这位贵妇人终于微微一笑。达·芬奇抓住这一刹那的微笑，一气呵成，终于画出了杰作《蒙娜丽莎》。

米开朗琪罗·波纳罗蒂出生于意大利的佛罗伦萨。他年轻的时候，有一次，一位公爵请他和达·芬奇各自创作一幅古代佛罗伦萨人反抗外敌侵略的画。当时达·芬奇已经是非常有名的画家了，但米开朗琪罗的构思和创作还是获得人们的认可与好评。米开朗琪罗的画表现的是佛罗伦萨人正在河里洗澡，听见了军号声，他们匆忙上岸，穿上衣服，拿起武器奔向战场，表现了佛罗伦萨人奋不顾身保卫祖国的英雄气概。

米开朗琪罗还是个雕塑家，他的代表作是《大卫》。《大卫》取材于《圣经》，雕像雕塑了一个健壮的青年，目光炯炯有神，表

这是意大利文艺复兴时期艺术的最伟大的体现之一——西斯廷教堂，它位于罗马的梵蒂冈城，首先由教皇西克斯图斯四世于15世纪70年代开始建造，当时最出色的画家——包括贝罗津诺与波提切利——用壁画装饰了它的四壁。但最伟大的艺术杰作是由米开朗琪罗从1508年开始添加上的，尽管他经常与自己的赞助人——教皇朱利乌斯二世激烈争吵，但还是花费了4年时间完成了西斯廷教堂的天顶画。25年之后，新教皇重新将他召了回来，请他在祭坛之后的西墙上进行创作，从而诞生了另一杰作——《最后的审判》。

现了战胜敌人的必胜信心。《大卫》像完成后，佛罗伦萨人将之树立在城中，作为保卫佛罗伦萨城的英雄象征。后来他还应罗马教皇之请，为西斯廷教堂绘制天顶画。

拉斐尔·桑乔出生在意大利东部的乌尔比诺城，他的父亲是一位画家，受父亲的影响，拉斐尔从小就非常喜欢画画。21 岁的时候，拉斐尔来到佛罗伦萨，仔细观摩达·芬奇和米开朗琪罗等人的作品，进步很快。他的性情平和、文雅，他的画也一样。后来受教皇的聘请，拉斐尔为梵蒂冈创作了很多宗教画。以前的宗教画都非常呆板，拉斐尔别出心裁，将文艺复兴中的古典艺术思想注入宗教画中，使这些宗教画看上去充满了人文主义色彩。在他创作的名画《雅典学院》中，巨大建筑物的一重重拱门由近及远，柏拉图和亚里士多德边走边谈，周围是苏格拉底、阿基米德等人，象征着古希腊文明后继有人。拉斐尔 37 岁就去世了，但他的天才创作为他赢得了“画圣”的称号。

马丁·路德与宗教改革

马丁·路德是著名的宗教改革家。他出生于德国萨克森州的埃斯勒本，2 岁那年举家迁往曼斯费尔德。父亲汉斯·路德当矿工，靠租用领主的三座小熔炉起家。马丁·路德的父母都是虔诚的基督教徒，所以他从小就接受了严格的宗教教育。1501 年春，他进入当时德意志最著名的爱尔福特大学，在 1502 年秋获得文学学士学位，1505 年，又以优异成绩取得硕士学位。在大学期间，他开始受到反对罗马教皇的世俗思想的影响。

马丁·路德

马丁·路德，德国宗教改革的发起者，新教的创始人。1517 年马丁·路德把他的《九十五条论纲》钉在德国维登堡一所教堂的门上，从而开始了基督教改革运动。他反对罗马天主教会干预国家政事，并于 1525 年因拒绝放弃其论点而被逐出了天主教，这也导致了众多新教教会的出现。

大学毕业后不久，22 岁的马丁·路德不顾亲友的反对，进入圣奥古斯丁修道院当修士，希望通过苦修让上帝赦免自己的罪行。1512 年，他获得维登堡大学的神学博士学位，并成为该校的一名教授。1512 ~ 1513 年，他逐步确立了自己“因信称义”的宗教学说。他认为一个人灵魂的获救只需靠个人虔诚的信仰，根本不需要外在的善功及教会的权威。这一学说一反天主教的救赎理论，从根本上否定了教会和僧侣阶层对社会的统治权。

德意志当时深受罗马教皇的盘剥，每年都要向教皇上缴 30 万古尔登（当时的一种货币单位）的宗教税。1517 年万圣节前夕，教皇又派人到德意志大量兜售“赎罪券”，宣称只要交钱购买，上帝就会免除其罪行。马丁·路德对教皇的做法非常不满，于是写了《九十五条论纲》，张贴在维登堡卡斯尔教堂的大门上。

在《论纲》中，他痛斥教皇兜售“赎罪券”的做法，提出“信仰耶稣即可得救”的原则，反对用金钱赎罪的方法。《论纲》引起了强烈反响，激发了人民对教权至高无上的怨愤和反对，点燃了德国宗教改革的火焰，使路德一时成为德意志民族的代言人。1519

年，罗马教会的神学家约翰·艾克同马丁·路德在莱比锡展开了大论战，这场大辩论，成为路德宗教改革生涯中的一次重大转机。1520年，为了更加广泛地传播自己的思想，马丁·路德撰写了一系列文章和小册子，发表了被称为宗教改革三大论著的《致德意志贵族公开书》《教会被囚于巴比伦》《基督徒的自由》。这年6月2日，教皇颁布敕令，希望马丁·路德能在60天内撤回《九十五条论纲》中的41条，否则就开除他的教籍。路德不为所动，公开把教皇的敕令付之一炬。

1521年，路德参加了德皇召集的沃姆斯帝国会议。

之前，友人曾劝路德不要前往，担心他会惹来杀身之祸。但路德说："即使沃尔姆斯的魔鬼有如房顶上的瓦片那样多，我还是要坦然前往。"在100多名萨克森贵族的伴随下，在沿路凯旋式的迎送行列中，路德到达了沃尔姆斯。他拒绝承认错误，义正词严地为自己申辩，得到沃尔姆斯全市人民的同情与支持。他在会上郑重宣称："我坚持己见，决不反悔！"与罗马教廷彻

1530年，神圣罗马帝国皇帝试图与改革者和解进行最后尝试，路德派教徒正在与罗马天主教教徒讨论一些有争议的论点。

底决裂。德皇无计可施，只好放了路德，但代表教皇开除了路德的教籍。

为了避免遭到教会的迫害，路德隐居到瓦特堡，从事《圣经》的德文翻译工作。

1525年，42岁的路德与一位叛逃的修女波拉结婚，以实际行动向天主教的禁欲主义发起了挑战。1543年，路德翻译的德文版《圣经》面世了，在书中，路德恢复了早期基督教民主、平等的精神，为人民提供了对抗天主教会的思想武器。他还把自己“信仰耶稣即可得救”的主张加入其中，成为基督新教的主要教义。此外，他翻译的《圣经》使用的是德国语言，这种统一的语言成为联系分裂的德意志各邦的重要纽带。

1546年2月，路德因病去世，被葬于维登堡大教堂墓地，享年63岁。他死后，他所创立的基督新教在欧洲各国传播开来，掀起一场轰轰烈烈的宗教改革运动。

闵采尔起义

16世纪初，德意志教会力量横行无忌，他们以出售神职为由，敲诈勒索，贪污受贿，过着奢侈糜烂的生活。他们巧立名目、中饱私囊，聚敛暴行引起社会的极大愤慨；而各封建主仗着自己的权势，强占土地，乱设高额税赋，掳掠民财，横行霸道，农民赖以生存的土地和财产逐渐集中到教会和封建贵族手中。穷困的生活和繁重的劳役引起农民的强烈不满和反抗，他们纷纷组织起来，掀起了农民反抗教会与封建主的起义高潮。

1524年，农民们再也忍受不了封建主和教会的残酷剥削，揭竿而起，许多城市的平民也参加了起义。图为农民们举着起义旗帜（上面画着一只系带的鞋子）将一个抓获的骑士围了起来。

随着德意志内部矛盾的日益尖锐，燃烧着对宗教势力和封建主怒火的农民，在南部秘密成立了"鞋会"，他们以画着一只鞋子的旗帜为会旗，开始了对穿着长靴的贵族的对抗。他们每年都聚集到一起，杀贪官和贵族、砸教堂、均分财产和土地。但是，每一次都被封建主和教会残酷镇压了，这更激发了德意志农民对他们的仇视。

托马斯·闵采尔是一位下层的神甫，他目睹了教会上层的腐败和堕落，坚决反对教皇的放任自流和奢侈，反对一切压迫和剥削。他积极传播自己的思想，信徒遍布许多城镇。1524年，封建主和教会对农民的奴役更为残暴，农民无法忍受非人的劳役，于是在托马斯·闵采尔的领导下，士瓦本南部的农民拒绝了贵族们的劳役，集结在一起，发动了大规模的起义。他们冲进封建主的庄园，占领和捣毁寺院与城堡，强迫封建主交出粮食和土地。他们以推翻封建制度为口号，提出了自己的纲领——《书简》。士瓦本贵族们对农民的起义极为恐慌，他们假意与农民谈判，暗地里却调集军队，镇压起义军。闵采尔知道上当后，立即拒绝了谈判，指挥起义军攻占城市，抢夺敌人的武器，杀富济贫。周边的农民及农奴闻讯纷纷来投，不久起义军席卷士瓦本地区，人数猛增至4万人。1525年3月，起义军领袖们在闵采尔的领导下，于梅明根集会，制定起义军的斗争纲领《十二条》。纲领规定收回贵族霸占的农民土地，恢复被压迫农奴的人身自由，限制地租和劳役等。这个纲领部分地反映了农民的利益要求。

闵采尔又来到图林根，在缪尔豪森城领导起义。起义军一举冲进贵族们的庭院，攻占了教堂、城市、城堡和修道院，焚烧封建主的建筑，分掉了贵族的土地和财物，推翻了缪尔豪森城内的贵族统治。闵采尔在这里建立了没有领主，财产公有，人人平等的"永久议会"。闵采尔被选为主席，缪尔豪森城成为德意志中部农民起义的中心。许多骑士开始加入到起义军的队伍里，许多城市也倒向起义军。

封建主和教会见农民起义军的发展势头迅猛，极为惊慌，他们集结军队，在特鲁赫泽斯的率领下，开始对起义军进行围剿镇压。狡猾的特鲁赫泽斯看到起义军队伍分散，并且组成人员极复杂，于是他一面拉拢只想利用起义来实现自己利益、对起义态度不坚决的人，进行假谈判，争取时间；一面组织武力对付起义军。使起义军队伍人心涣散，战斗力大为削弱。特鲁赫泽斯抓住时机，采用突然袭击、各个击破的策略，向起义军发起了猛烈的攻击，本来思想动摇的士兵纷纷背叛起义。弗兰科尼亚等各地的起义被镇压。闵采尔率领8000余起义军于1525年5月在缪尔豪森和封建主5万大军展开最后的决战。

面对兵力处于绝对优势的敌人，闵采尔毫不畏惧，率领起义军一马当先向敌人冲去。由于起义军没经过系统训练，武器落后，最后寡不敌众，败于敌军。闵采尔被俘后被处以极刑，起义失败。

德意志农民起义，从根本上动摇了天主教在德意志的统治地位，促进了整个欧洲的宗教改革和文艺复兴运动的深入发展，推动了社会的前进。

“日内瓦的教皇”加尔文

加尔文（1509 ~ 1564 年），出生于法国北部皮卡迪的努瓦容，父亲曾任主教秘书，是一所小教堂的辩护，颇有名望。母亲是一旅店主的女儿，不幸早逝。继母作风严厉，据说对加尔文忧郁个性的形成有很大影响。

1528 年，加尔文顺从父意，进入奥尔良大学学习法律。在大学里，加尔文迷上了神学，受到了路德宗思想的吸引。1531 年，父亲去世后，他决定去巴黎专攻神学。他在巴黎研究了希腊文、希伯来文和拉丁文《圣

法国宗教改革家约翰·加尔文主张严格的新教教义，清教徒遵循了这一点。加尔文在瑞士的日内瓦获得机会将自己的思想付诸实施，加尔文在这里担任首牧达 28 年之久。

这幅16世纪威尼斯画派的作品描绘的是一次特伦托会议。人们原本希望在这次罗马天主教大会上，达成与所有基督教徒的妥协，但这个希望很快就落空了。

经》，要求按照古代基督教的面貌改造罗马教会，逐渐倾向于宗教改革，1534年，加尔文成为路德宗教徒。

由于遭受巴黎当局的迫害，加尔文在1534年10月逃到了瑞士的巴塞尔，化名卢卡纽斯，继续研究路德宗的著作和《圣经》。1536年，他的《基督教要义》出版，此书初版时仅有6章，到1559年最后修订版时达到80章，是加尔文毕生研究新教和在日内瓦从事宗教政治活动的全面总结，成为宗教改革时期一部影响最大的新教百科全书。1536年，加尔文的足迹延伸到了日内瓦，这里成为他日后宗教改革大本营。

围绕加尔文的思想，形成了加尔文教。加尔文主张信仰得救，主张简化教会组织，规定教职人员只能从信徒中民主选举产生，从而彻底改革了教会组织。在加尔文教里，长老的地位十分突出，被称为是宗教改革的警察，因此加尔文教也称长老会。1541 年重回日内瓦后，加尔文开始了自己的改革。他首先把教会从罗马教皇的制约下解脱出来，使其不再受制于罗马教皇，也不再受制于诸侯。由长老、市议员和市政官等组成的宗教法庭成为日内瓦的最高行政机构。

加尔文本人虽然不是宗教法庭的正式成员，但他经常出席法庭例会，是法庭的实际负责人。以此为基础，日内瓦发生了根本性的转变，成了一个政教合一的神权共和国，国家法律和宗教纪律成为约束人们行为的两条准绳，加尔文也成了日内瓦城高高在上的主宰。不论是城内的教会，还是行政当局都要拜伏在他的法杖之下。日内瓦成为新教的罗马，而加尔文也成了“日内瓦的教皇”。1540 年，加尔文和一位穷寡妇意勒蕾结婚，育有一子，但没有成年就夭亡了。1549 年，意勒蕾也死了，此后他没有再娶。

加尔文对自己的工作抱着一种苦修而不求安逸的精神。他一生都在不断地修订《基督教要义》，使其不断完善。从初版至最后修订版历时 20 多年，篇幅扩充了 15 倍之多。在最后的修正版，他把这部书修剪到各部分都配合得很好，如同一棵生长匀称的大树，枝叶繁茂，果实累累。他的勤勉让那些关心他的人都奇怪为什么“有如此坚强高贵心性的人会有如此脆弱的身体”。当他病症加重时，仍然没有人能劝他休息，即使不得不暂时放下工作，他也在家里给造访的人解答问题，而从不顾及自己的疲劳。

晚年的加尔文体弱多病，他在1564年4月25日立下遗嘱。在遗嘱中，对他能荣膺上帝拣选，得享永恒光荣这一点，充满了自信。在经过了多天的病痛折磨和无数次的祷告后，他于5月27日逝世，享年56岁。

加尔文在成为万人景仰的人物的过程中，也有让后人为之遗憾的污点。塞尔维特是西班牙著名的人文主义者，血液循环论的发现者之一，因为批判《圣经》而长期遭到罗马教会的迫害。他同加尔文是多年的朋友，两人常有通信往来。后来，他在日内瓦被捕，加尔文亲自审讯，以死刑逼他承认错误。塞尔维特拒不屈从，最后被加尔文处以死刑。为此，恩格斯曾说，“值得注意的是，新教徒在迫害自然科学的研究上超过了天主教徒。塞尔维特正要发现血液循环过程的时候，加尔文便烧死了他，而且还活活地把他烤了两个钟头”。

苏莱曼一世的征战

苏莱曼是奥斯曼土耳其苏丹塞里姆一世的独生子。他出生于1494年，他本人是奥斯曼土耳其帝国的第10任君主，奥斯曼人都认为他必将成为一个伟大的君主，将会统治整个世界。

1509年，15岁的苏莱曼奉父亲的命令，在知识渊博、经验丰富的大臣的陪同下，离开首都宫廷，到外省去做总督。在大臣们的精心辅佐下，苏莱曼学到了很多治国安邦的经验。父亲率军远征的时候，他就代替父亲管理国政。

1520年，塞里姆一世去世，26岁的苏莱曼即位为苏丹，后世称为苏莱曼一世。就在奥斯曼帝国的国势蒸蒸日上的时候，欧洲的基督教国家却是一片混乱。各国为了土地和财富，混战不休，自相残杀。这给了苏莱曼一个扬名立万的大好时机。

苏莱曼决定进攻欧洲的门户——贝尔格莱德。贝尔格莱德位于欧洲巴尔干半岛的中心位置，处于匈牙利人的统治之下。如果占领了贝尔格莱德，就可以向北进入欧洲的心脏地带，甚至占领整个欧洲。苏莱曼的前几任苏丹曾率兵攻打过贝尔格莱德，但都惨败而回。

1521 年 8 月，苏莱曼率领 10 万大军，动用了数万头马匹和骆驼，运载了大量的粮草、军械，大举进攻贝尔格莱德。匈牙利人躲在又高又厚的城墙后面，严阵以待。苏莱曼没有让士兵们一味硬攻，而是调集了数百门大炮，将贝尔格莱德团团围住，然后下令狂轰。霎时间，贝尔格莱德上空硝烟弥漫，炮声震耳欲聋。高大的城墙被打得千疮百孔，摇摇欲坠。匈牙利人实在抵挡不住了，只好弃城逃跑。就这样，苏莱曼占领了进攻欧洲的门户，贝尔格莱德之战也成为奥斯曼土耳其帝国扩张史上的骄傲之战。

著名的土耳其禁卫军兵团由来自巴尔干的青年组成。他们有着严格的纪律。

第二年6月，苏莱曼又在小亚细亚结集了10万大军和300战舰，进攻地中海的罗德岛。罗德岛位于小亚细亚和奥斯曼帝国的领土埃及的航线之间，被信仰基督教的圣约翰骑士团占领，他们经常派战舰拦截奥斯曼帝国的航船。前几任苏丹也都曾攻打罗德岛，想拔掉这颗眼中钉、肉中刺，但由于罗德岛地势险要，圣约翰骑士团作战顽强，都无功而返。

罗德岛上有600名骑士，6000名士兵，士兵又分为长矛兵和火枪兵。虽然他们人数较少，孤军奋战，没有援军和物资补给，但由于火炮配置合理，弹药充足，又有一支灵活机动、火力强大的海军，因此有恃无恐。1522年6月，10万奥斯曼大军在罗德岛登陆。这支大军装备精良，训练有素，配有炮兵和工兵。奥斯曼军队首先向炮击罗德岛上的碉堡，罗德岛守军立即反击。由于罗德岛守军藏在坚固的碉堡中，所以伤亡很小，再加上守军战前已对火炮射程内的每个目标都进行了十分认真的测量，所以炮兵发射的每发炮弹都能准确命中目标，在旷野中没有掩护措施的奥斯曼人伤亡惨重。为了扭转不利的局面，奥斯曼军工兵开始挖掘地道，埋设地雷，企图炸塌城墙。8月，奥斯曼工兵把城墙炸开了一个缺口，大军一拥而入，但遭到了守军的顽强抵抗，大败而回。随后的几个月里，奥斯曼军从城墙的缺口处多次攻入城中，被守军击退。但奥斯曼军在人数上占压倒性优势，而守军每伤亡一人，战斗力就减少一分，无法得到补充。随着士兵伤亡的增加，守军的压力越来越大，外面没有援军，内部人员、弹药的消耗也得不到补充，守军处境日益艰难。相反，奥斯曼的兵源和物资源源不断运抵罗德岛。在圣诞节前夕，经过谈判，圣约翰骑士团表示可以有条件的放下武器离开。由于奥斯曼伤亡人数已经达到了5万人，所以苏莱曼同意了。由此，罗德岛划入奥斯曼帝国的版图。

苏莱曼一生进行了13次亲征，在欧洲文献中，他被称为“苏莱曼大帝”。在他统治时期，奥斯曼帝国的国力达到了顶峰。

丰臣秀吉

1467年，日本进入了“战国时代”。当时日本列岛分为几十个诸侯国，各国诸侯为了争夺地盘和权利，展开了旷日持久的大混战。包括京都在内的许多繁华的城市被付之一炬，百姓们流离失所，苦不堪言。

16世纪中期的时候，日本本州岛中部的尾张国（今日本名古屋一带）在织田信长的统治下，逐渐强大起来。当时绝大部分日本人都信佛教、排斥外来宗教，但织田信长的受传教士的影响优待天主教。别的诸侯军队都使用的是大刀长矛，而他从传教士手中买来了大量的火枪装备军队。在诸侯国中，武田家的骑兵号称天下无敌。1575年，武田家的武田胜赖进攻织田信长的盟友德川家康，德川家康抵挡

丰臣秀吉像

不住，向织田信长求援。织田信长率领自己的火枪兵前来增援。武田胜赖率骑兵进攻织田信长，织田信长让火枪兵躲在防马栅后面，用火枪向武田军的骑兵射击。在火枪兵的打击下，武田胜赖的骑兵几乎全军覆没，许多大将战死。此战以后，诸侯中再也没有人能和织田信长相抗衡了。织田信长花了 11 年的时间，基本统一了中部日本。1568 年，织田信长进入京都，混战了 100 多年的“战国时代”结束。

1582 年，织田信长手下的大将明智光秀发动叛乱，织田信长在京都本能寺自杀，日本全国又陷入了混乱之中。织田信长手下另一名大将丰臣秀吉率领军队杀死了明智光秀，成为日本的实际统治者。

1536 年，丰臣秀吉出生于尾张国的一个农民家庭，后来成为织田信长的侍卫。丰臣秀吉随着织田信长南征北战，立下了赫赫战功，受到了织田信长的重用。平定了明智光秀的叛乱后，丰臣秀吉打着拥护天皇的旗号，率领织田信长留下的 20 多万军队经过 8 年的苦战，终于平定了日本各地的叛乱，完成了统一。

为了名正言顺地统治日本，丰臣秀吉下了一道命令，把全国的能工巧匠全都征集到京都。当时的京都已经是一片废墟了，丰臣秀吉决定建造一座自古以来最富丽堂皇的京城。几年后，新京城终于建好，丰臣秀吉在京城里为自己修建了豪华府邸，取名为“聚乐第”。

一天，丰臣秀吉把天皇、皇后和皇子们请到聚乐第，然后下令全国的大名（诸侯）们前来觐见。丰臣秀吉身穿绣金的衣服，率领文武百官和大名们叩见天皇。天皇心里很明白，现在丰臣秀吉大权在握，自己只不过是个任他操纵的傀儡而已。丰臣秀吉只是想假借天皇的名义，来威慑诸侯罢了，于是天皇就将他封为“关白”。

“关白”在日本是丞相的意思。当诸侯朝拜完天皇之后，丰臣秀吉就以关白的身份发了第一道命令：“从此以后，我们要一心一意拥戴天皇，服从关白。”得意扬扬的丰臣秀吉下令大宴群臣，一连进行了 5 天，比以往天皇的排场还大。

丰臣秀吉和织田信长不一样，他认为天主教是外来宗教，信奉洋教会受洋人控制，于是下令驱赶传教士，拆毁教堂，强迫基督徒改信佛教。他下了一道命令：“为了弘扬佛教，我决定铸造一尊大铁佛。所以老百姓必须将自己家中的刀、枪等武器上缴官府，以备铸佛之用，限期 30 天，违令者严惩不贷。”其实丰臣秀吉是假借铸造大佛来收缴藏在民间的武器，以防止老百姓和武士们造反。

在内战中所向无敌的丰臣秀吉野心膨胀，认为朝鲜和中国也和国内的诸侯们一样不堪一击。他计划先出兵占领朝鲜，再占领中国，迁都北京，然后再征服印度，最后统治全世界。

1591 年，丰臣秀吉纠集了 20 万人、700 艘战船，悍然发动了侵朝战争。由于朝鲜已经好几百年没有打仗了，所以军备非常松弛，结果被日军打得大败，朝鲜的首都和很多重要的城市都失陷了，朝鲜国急忙派使者向中国明朝的皇帝求援。

在中朝联军的打击下，日军连连失败，最后丰臣秀吉忧郁而死。

阿克巴大帝

莫卧儿帝国的第三个帝王是阿克巴大帝。他是巴布尔的孙子，阿克巴是伟大的意思。阿克巴是印度历史上的一位伟大的君主，可以和阿育王相媲美。他在位期间不断扩张，到他去世时，莫卧儿帝国的版图东起布拉马普特拉河，南到哥达瓦利河上游，西起喀尔，北抵克什米尔，成为印度历史上一个空前庞大的帝国。

1566年，14岁的阿克巴即位后不久，前苏尔王朝的贵族阿迪尔沙和喜穆率军3万、战象1500头卷土重来，企图恢复苏尔王朝。莫卧儿军大败，重要城市阿格拉和德里相继失陷。阿克巴和宰相培拉姆汗不甘失败，立即率领2万骑兵反攻德里，两军展开了决战。刚开始时，喜穆依靠优势兵力和众多的战象占了上风，莫卧儿军节节败退。阿克巴和培拉姆汗立即调整战术，派大军迂回到苏尔人的两翼攻击，牵制敌人推进，同时率主力进行反攻，给苏尔人制造混乱。为了对付苏尔人的战象，阿克巴指挥战士们向战象发炮，令弓箭手射火箭。这战术果然有效，战象害怕火，见了炮火和火箭只有四处狂奔，根本不听指挥，苏尔人的阵势大乱。阿克巴趁机下令进攻，杀死了喜穆手下的两员大将。为了扭转不利战局，喜穆亲自上马率军反攻，阿克巴弯弓搭

这个葫芦形状的白玉酒杯，雕工细腻精美。据说它是阿克巴的孙子沙杰汉皇帝用过的酒器。旁边是一只镶嵌了各种宝石的金勺，两者的做工均十分细腻精美。

箭，“嗖”的一声，羽箭射中了喜穆的眼睛，喜穆惨叫一声，倒地而亡。苏尔军见主帅战死，顿时斗志全无，纷纷扔下兵器四散而逃，莫卧儿军乘胜追击，取得了最后的胜利。通过这场战役，莫卧儿人彻底战胜了苏尔人，莫卧儿帝国确立了对印度的统治，并开始了对外扩张。

阿克巴登基时才 14 岁，朝政大权完全掌握在宰相培拉姆汗手里。宰相认为阿克巴是一个小孩子，根本不把他放在眼里，利用手中的大权，任人唯亲，排斥异己，甚至连阿克巴的好友都处死，还企图篡位。

18 岁的时候，阿克巴对飞扬跋扈的培拉姆汗再也无法容忍了，下令将他处死，自己亲自掌握了朝政。

阿克巴亲政后，一些贵族很不满意，在各地发动叛乱，严重威胁了阿克巴的王位和国家的稳定。阿克巴亲自率兵镇压，终于平息了叛乱，巩固了自己的王位。为了警告叛乱者，他下令将 2000 多名叛乱者的头骨筑成了一座令人毛骨悚然的头骨塔。

印度是一个多宗教的国家，大多数平民信奉印度教，此外还有佛

·阿克巴改革·

莫卧儿帝国君主阿克巴（1556 ~ 1605 年在位）是印度历史上最有作为的开明君主之一。他为了加强中央集权，调和阶级矛盾，进行了一系列政治改革。包括实行宗教宽容政策，取消征收人头税政策，实行新的税收制度，按土地的实际产量分等收税，规定税额为收成的 1/3；取消包税制；发展经济，改革陋习。阿克巴改革使莫卧儿帝国进入了全盛时代。

教、锡克教等。各个宗教之间冲突不断，经常发生流血冲突，阿克巴对此头痛不已。为了制止这类事件的发生，阿克巴宣布宗教自由，各个宗教平等，他任命了很多印度教徒做官，并娶了一位印度教贵族的女儿为王后。

为了根除宗教冲突，1581年阿克巴自己创立了一个宗教——“圣教”。阿克巴是这个宗教的教主，圣教徒相遇后都高呼“阿克巴”。圣教没有寺庙，也不用祈祷，只是要求平时多做好事，爱护动物就可以了。这个宗教虽然没有流行，但却缓解了印度的宗教矛盾。

阿克巴对社会上的一些陈规陋习厌恶痛绝，屡次下令改正。当时印度有一种非常野蛮、非常残酷的风俗，就是丈夫死了，妻子必须跳入火中殉葬，这种风俗当然也在阿克巴禁止的范围之内。

一次，一个官员向他报告：“启禀陛下，孟加拉已故总督的妻子明天要跳火殉葬！”阿克巴知道孟加拉总督的妻子是一位非常聪明能干的女人，她决不会主动要求跳火殉葬的，一定是有人逼她。

第二天，阿克巴早早地带着侍卫来到了孟加拉总督的家。这时院子里已经燃起了熊熊大火，四周站满了人，一个穿着华丽衣服的女子正在哭泣。

阿克巴走到总督妻子面前，问道：“你跳火殉葬，是自愿的吗？”总督妻子哭着连连摇头说：“不是啊，陛下！是我丈夫的哥哥逼我殉葬的，他怕我分丈夫的财产！”

“哼！”阿克巴冷哼一声，瞪总督哥哥一眼，总督哥哥跪在地上吓得浑身打战。阿克巴大声对在场的人说："现在我下令，从今以后，谁再强迫寡妇跳火殉葬，一律处死！"在场的所有的人齐声附和，手忙脚乱地把火扑灭，扶着总督夫人进屋去了。

在英明的阿克巴统治下，莫卧儿帝国逐渐强盛。

戚继光抗倭

明世宗时期，中国东南沿海经常遭到日本海盗（即倭寇）的侵扰，再加上中国的土豪、奸商与之勾结，坑害百姓，使得沿海一带鸡犬不宁，陷入严重的倭患之中。

尤其有一年，中国海盗汪直、徐海勾结倭寇在浙江、江苏沿海登陆，竟然抢掠了几十个城市。明世宗很是发愁，他找来严嵩想办法，严嵩的同党赵文华却出了个馊主意——向东海祷告，求海神爷保佑。愚蠢的明世宗居然相信这种鬼话，真的派人到浙江去祭拜海神。

此法自然不会有什么效果，朝廷就派熟悉沿海防务的老将俞大猷去抗击倭寇。没想到，俞大猷打了几个胜仗后，竟被赵文华陷害坐了牢，倭寇又猖獗起来。1553 年，朝廷又委派新近提拔的都指挥佥事戚继光，管理登州等三营及三营所辖 25 个卫所，负责山东全省的抗倭工作。

戚继光，字元敬，号南塘，晚号孟诸。祖籍河南卫辉，后迁居山东登州（今蓬莱）。他出身将门，自幼勤奋习武，立志效国。1544 年，17 岁的戚继光接任了父亲的职务，任登州卫指挥佥事。次年，分管屯田，后率众戍守蓟门（今北京昌平西北），1548

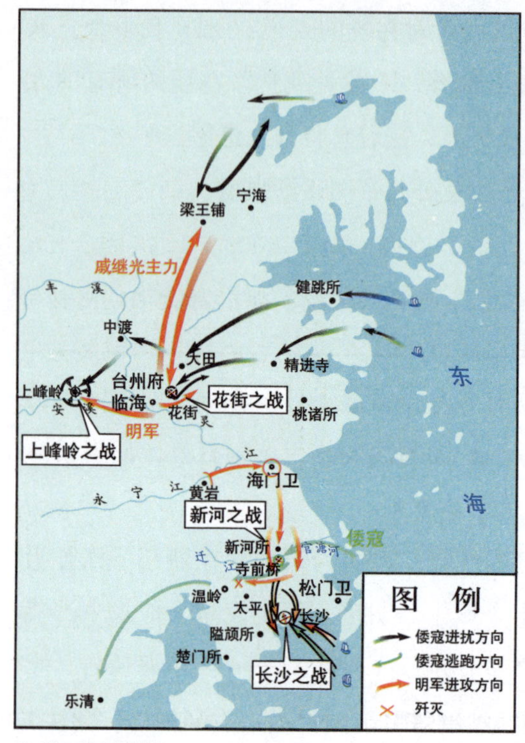

台州大捷示意图

年，戚继光调戍蓟门。1549年，戚继光中武举，翌年，奉诏督防京城九门。

“封侯非我意，但愿海波平。”到了浙江以后，戚继光大力加强海防，在抗击倭寇方面取得了明显的成效。1555年，还因足智多谋升任都司参将，镇守宁波、绍兴、台州三府，并在龙山、缙云、桐岭与倭寇三战中介取得了胜利。但他没有被胜利冲昏头脑，而是意识到明军的腐败无能，难以担当抗倭重任，于是上书请求招募人马，训练新军。

1559年，戚继光在义乌招募农民、矿工3000多人，按年龄和身材配发兵器，编组训练。他针对沿海地形多沼泽、倭寇分散，充分利用明军兵器多样的特点，创立攻防兼宜的“鸳鸯阵”，以12人为1队，长短兵器结合，攻守兼顾，因敌因地巧妙变换阵形，屡败倭寇。他训练的部队被老百姓亲切称为“戚家军”，威名大震。

1561年，万余倭寇乘数百艘舰船侵扰浙东的象山、宁海、桃渚。戚继光沉着应战，确立“大创尽歼”的方略，集中兵力，各个击破，九战皆胜，斩杀、俘虏倭寇4000余人，史称“台州大捷”。

台州之战以后，浙江的倭患基本解除，但福建的倭患却日趋严重。戚继光不顾鞍马劳顿，旋即率精兵6000入闽抗倭。1562年，他乘退潮的时机率将士携稻草盖淤泥，涉水奇袭横屿岛倭寇巢穴，斩杀倭寇2600余人，以得胜之兵攻占牛田。倭寇胆战心惊，称之为“戚虎”。接着他又和福建总兵俞大猷、广东总兵刘显等人取得平海卫大捷、仙游大捷。1563年，大量倭寇包围兴化，以平海卫为中心建立巢穴。戚继光再次赴义乌募兵1万人，奉命与俞大猷、刘显协同作战，攻克平海卫，斩杀倭寇2200余人，缴获器械3900余件，救出被掠男女3000余人。不久，戚继光升福建总兵，督理福建及浙江温州、金华两府的水陆军务。

到1566年，戚继光彻底肃清了中国东南沿海的倭寇，戚家军威震中国海疆，保证了福建和广东沿海一带的社会安宁，他也因此成为中国历史上杰出的民族英雄。

戚继光不仅是一位战功赫赫的爱国名将，同时还是一位杰出的兵器制造专家。他一生在军事上有不少创造发明。为了防止鞑靼和朵颜等的入侵，戚继光53岁时发明了埋在地下、不用人工点燃、让敌人自己踏上就会自动爆炸的新式杀伤武器，叫作“自犯钢轮火”。这就是世界上最早的地雷，比欧洲人发明地雷大约要早300年左右。

戚继光为保卫大明王朝的边疆奋斗了40多年，南征北战、出生入死，被称为我国“古来少有的一位常胜将军”。他智勇兼备，多谋善断，练兵有方。此外，他还著有《纪效新书》《练兵实纪》

两部兵书，这是他多年选兵、练兵及指挥打仗的经验总结，是杰出的军事理论著作，为后世的兵家必读书目。

利玛窦在中国

1601 年的一天，万历皇帝发现皇宫里的自鸣钟到时间却没有响，就问旁边的太监："今天这个西洋自鸣钟怎么没有响啊？"

"可能又坏了。"太监说。

"那还不去请利玛窦来修！"

太监随即出宫，请来了利玛窦。利玛窦登上专门为自鸣钟建的钟楼，仔细检查了一下，然后拿出工具，这里拧拧，那里敲敲。过了一会儿，自鸣钟又开始响起来，清脆的声音传遍了整个皇宫。

"真太谢谢您了。"太监笑着说。

"没什么。公公，我送给皇上的望远镜，皇上还喜欢吧？"利玛窦笑着问。

利玛窦像

"皇上可喜欢了，经常拿着望远镜站在高处向远处看。我也看过几回，这玩意可真神奇啊。大老远的东西用望远镜一看，就跟在眼前似的，好像人一伸手就能够着。"太监一脸的兴奋，回味无穷地说。

"公公要是喜欢，下次我进宫的时候也给您带一个。"

·欧几里得·

欧几里得是公元前4世纪的古希腊数学家，非常精通几何学。他继承了希腊数学注重逻辑推导的研究风格，写出了《几何原本》这部集当时古希腊几何学研究之大成的数学巨著。《几何原本》共分13卷，主要是通过逻辑推理来推导出一系列几何定理和公式，初步奠定了几何学逻辑结构的基础。虽然这本书里有了很多错误，但是在对这本书的研究中，人们不断发现了研究数学的新道路，产生了一个又一个的数学分支，由此欧几里得被誉为“古代西方几何学皇帝”。

“哎哟，那可太谢谢您了！”

这个利玛窦是意大利人，他的意大利名字叫玛提欧·利奇，1552年出生于意大利马尔凯州马切拉塔城的一个名门望族。少年时代，利玛窦在当地的耶稣会学校学习。16岁的时候，利玛窦又去了罗马学习法律。在求学期间，兴趣广泛的利玛窦学习了大量的天文、地理、数学等方面的知识，成为一个知识渊博的人。21岁时，他加入耶稣会，在罗马学院受神职教育。1578年，利玛窦参加第30批耶稣会传教士远征队，从葡萄牙首都里斯本出发，前往印度和东亚地区传教。船队在海上经过了6个月的颠簸，终于到达了印度的果阿。1582年，利玛窦前往澳门，准备进入中国传教。在澳门，利玛窦学习了汉语。

1583年，利玛窦和另一名传教士罗明坚获得明朝政府的批准，进入中国内地。他们首先来到广东肇庆，在这里建了一所教堂，开始传教。当地的官员对他们比较友善，但老百姓对他们非常反

南都繁会图
图卷描绘了明代中期南京城市商业繁荣的景象。

感，经常闯入教堂，将里面的东西砸烂毁坏。虽然当地衙门抓捕了一些人，但依然没有改变老百姓对他们的敌视态度。

为了让老百姓更好地了解自己，利玛窦开始改变策略。他穿上儒生的衣服，读中国儒家的经典，结交当地的士大夫和儒生。他给自己起了个中国名字利玛窦，号西泰，又号清泰、西江，中国士大夫尊称他为“泰西儒士”。

利玛窦将中国的四书、五经翻译成拉丁文。一次，在当地儒生的聚会上，他当众表演了自己记忆法，令在场的人大为惊奇，很多人都纷纷向他求教，利玛窦一下子成了当地的名人。他还展示了西方的科技产品，如望远镜、三棱镜、地图等。这些东西在西方司空见惯，但到了中国却成了非常稀奇和贵重的东西，引起了官员和知识分子的极大兴趣。为了和他们搞好关系，利玛窦就将这些东西送给他们，和很多人交上了朋友。

1600年，利玛窦来到北京，觐见了万历帝，进贡了自鸣钟、望远镜、地图等物品，引起了万历帝极大的兴趣。万历帝还专门为自鸣钟修建了一座钟塔。

在和利玛窦交往的人中，徐光启是最著名的一位。他是翰林院进士，对西方的自然科学知识非常感兴趣。为了向利玛窦学习这些知识，徐光启皈依了天主教。从此，每天上午，徐光启去翰林院办公，下午就到教堂学习。

利玛窦和徐光启一起翻译了古希腊数学家欧几里得的著作，徐光启把它的名字翻译成“几何”，这就是现在我们数学课上几何这门学科的来历。

“两条线同一走向，你觉得应该翻译成什么好呢？”利玛窦问。

“嗯，就叫平行线吧。”徐光启想了想说。

“那么这个呢？一个角两边垂直，一个角大，一个角小，该怎么翻译啊？”

“就叫‘直角’‘钝角’和‘锐角’吧。”徐光启说。

现在我们学的数学上的名词术语，除了上面提到的外，还有“平面”“三角形”“直径”“外切”“对角线”等等，都是徐光启翻译命名的。他和利玛窦整整花了两年的时间，将《几何原本》的前6卷翻译成了汉语，并于1607年正式出版，这是用中文翻译出版的第一部西方科学著作。利玛窦虽然是来中国传教的，但他传播了大量的西方科学知识，促进了东西方文明的发展。1610年，利玛窦在北京去世。

德川幕府

丰臣秀吉死后，他的儿子丰臣秀赖年纪还小，原来归顺丰臣秀吉的大名德川家康起了反叛之心。

1598年丰臣秀吉死后，他的部下分裂为石田三成、小西行长为首的官僚派和加藤清正、福岛正则为首的武将派。实力最强的首席大老（辅佐丰臣秀赖的最高执政官）德川家康为取丰臣家而代之，利用两派不和迫使武将派归顺了自己，然后率领10万军队，于1600年六月进攻官僚派，石田三成和小西行长组成8万人的大军迎战。九月，两军交战于关原（今日本岐阜县不破郡）。由于官僚派的大将小早川秀秋临阵倒戈，投降了德川家康，导致官僚派惨败，石田三成和小西行长被俘。德川家康把他们处以极刑，90多个参加官僚派的大名的领地被没收，丰臣秀赖也被降为一般的大名，德川家康开始称霸全国。

1603年，天皇封德川家康为“征夷大将军”，德川家康在江户（今日本东京）建立了幕府，成为日本实际的统治者。从此日本开始了德川幕府(又称江户幕府)时代。

随着德川家康一天天衰老，丰臣秀赖一天天长大。德川家康为了自己家族的利益，决定消灭丰臣秀赖，永绝后患。丰臣秀赖也不甘示弱，为了击败德川家康，他招募了大量的武士，决心与德川家康决一雌雄。在关原之战中，很多参加官僚派的大名失去领地，很多武士失去了生活来源，因此他们非常憎恨德川家康。当丰臣秀赖在大阪发出招募武士的消息后，很快有10万名武士前来投奔。1615年夏天，德川家康率领大军进攻大阪，丰臣秀赖拼死抵抗，但最终大阪还是被攻陷，丰臣秀赖自杀。

德川家康为了巩固和强化自己的统治，建立了完整的幕藩体制。幕即是德川幕府，是中央政府机关，幕府将军是日本的最高统治者，统治着全国200多个藩国。天皇只是名义上的国家元首，没有任何实权，只是个傀儡。藩就是藩国，是幕府将军封给各地大名的土地和统治机构。藩国的统治者是大名，他们要绝对服从幕府将军和他颁布的各项法令，但在藩国内，他们享有很高的自治权，拥有政治、军事、司法和税收等大权，甚至还拥有自己的武装。日本实际上是由幕府和藩国共同构成的封建国家，这就是所谓的幕藩体制。

德川幕府把当时的日本人分成4个等级：士、农、工、商。士就是武士，是日本的统治阶级。农是农民，工是工匠，商是商人，他们都被统治阶级剥夺了一切政治权利。

德川幕府时期的主要的生产资料——土地，全部属于幕府和藩国所有。这些封建领主把土地分成很多份地让农民耕种，农民要向领主缴纳地租，地租约占他们全部收成的40%，此外还必

德川家康的一位将领与大阪城堡的守卫者搏斗。丰臣秀吉之子丰臣秀赖在堡垒里坚守很长时间，最后被迫自杀。

须服各种多如牛毛的徭役。德川幕府建立后，日本结束了长期的战乱，国内一片和平景象，农业逐步恢复，工商业也开始快速发展，新兴城市不断出现，原有的许多城市的规模日益扩大，出现了繁荣景象。到了18世纪初，德川幕府的所在地江户的人口已达百万，大阪和京都的人口也超过了30万。城市中出现了一些主要为统治阶级服务的商业和金融机构，这时候一些大商人、高利贷者也相继涌现，并享有极大的特权，大阪的鸿池和江户的三井是当时全国最富有的高利贷者。

在对外关系上，德川幕府发布锁国令，实行锁国政策，禁止日本船只出海贸易，严格限制日本与海外交往，只同中国、朝鲜和西方的荷兰保持一定的贸易关系，并对到达日本的外国船只进行监视，严格控制它们的贸易活动。

德川幕府实行锁国政策主要是为了巩固自己的统治，防止沿海的藩国通过海外贸易获取大量的资金，用以购买武器；同时也为了防止西方殖民主义的渗透，维护日本的独立。锁国政策实行了200多年，使日本成为一个闭关自守的国家，几乎处于一种与世隔绝的状态，割断了日本经济同世界经济的联系，造成了日本的落后，严重阻碍了日本资本主义的发展，使日本被西方国家远远地抛到了后面。

哥白尼与《天体运行论》

哥白尼出生于波兰的富商家庭，他10岁丧父，由舅父瓦兹洛德大主教抚养，受到了良好的教育。他少年时代就对天文学有浓厚兴趣，中学时，在老师指导下，制造了一具按照日影确定时刻的日晷。1491 年，哥白尼以优异成绩考入克拉科夫大学，学校的人文主义者、数学家和天文学家布鲁楚斯基对他影响很大，哥白尼经常向这位学者请教天文学和数学方面的问题，还学会了用天文仪器观测天象。

大学毕业后，哥白尼在舅父的资助下前往意大利。1497 ~ 1500 年，他在博洛尼亚大学读书，除教会法规外，还同时研究多种学科，尤其是数学和天文学，并与该校的天文学教授、意大利文艺复兴运动领导人之一的诺法拉交往甚密，他们时常一起观测宇宙，记录数据，研讨前人有关天文学的著作。哥白尼了解到，早在公元前 3 世纪，古希腊天文学家阿里斯塔恰斯就曾提出过地球绕太阳运行的概念，并首先测定了太阳和月亮对地球距离的近似比值，但后来遭到宗教势力的反对。为了直接阅读这类著作，哥白尼学会了希腊文。天文测量的实践和对前人著述的钻研，使他对地球中心说产生了怀疑。地球中心说是古希腊哲学家亚里士多德提出来的，公元 2 世纪，罗马天文学家托勒密又加以推演论证，使它进一步系统化了。地心说

哥白尼像

有关哥白尼的《天体运行论》的描绘

认为地球静止不动地居于宇宙中心，日月星辰都围绕地球运转，这一学说被基督教会奉为真理，成为神权统治的重要理论基础。

1506年，哥白尼回到祖国，在弗罗恩堡大教堂担任教士，这使他有了一定的社会地位和物质保障，得以继续从事天文学和科学实验活动。为了研究方便，他特意选择了教堂围墙上的箭楼做宿舍兼工作室，他在里面设置了一个小小的天文台，用自制的简陋仪器，开始了长达30年的天体观测。正是在这里，他写下了震惊世界的巨著《天体运行论》，而其中选用的27个观测事例，有25个是他在这个箭楼上观测记录的。《天体运行论》共有6卷，在书中，哥白尼大胆地提出："太阳是宇宙的中心，所有行星都围绕太阳运转；地球不是宇宙的中心，而是绕太阳运转的一颗普通行星。""人们每天看到的太阳由东向西运行，是因为地球每昼夜自转一周的缘故，而不是太阳在移动。""天上的星体不断移动，是因为地球本身在转动，而不是星体围绕着静止的地球转动。""火星、木星等行星在天空中有时顺行，有时逆行，是因为它们各依自己的轨道绕太阳转动，而不是因为它们行踪诡秘。""月亮是地球的卫星，一个月绕地球转一周。”

哥白尼的太阳中心说，科学地阐明了天体运行的现象，推翻了长期以来居于统治地位的地球中心说，从根本上否定了基督教关于上帝创造一切的谬论。尽管他的学说仍然坚持宇宙中心和宇宙有限论，但却把天文学从宗教神学的束缚中解放出来，实现了天文学的根本变革，在近代科学的发展上具有划时代的意义。

然而，这本伟大著作的面世确是相当曲折的。哥白尼深深了解自己学说的颠覆性影响，慑于教会的强大力量，他迟迟没有将书稿送去付印出版。直到他病重时，才由唯一的弟子雷提卡斯将书稿送至德意志的纽伦堡出版。1524 年 5 月 24 日，70 岁的哥白尼终于收到了《天体运行论》的样书，那时他的眼睛已经失明，据说他只用手摸了摸书的封面，就与世长辞。《天体运行论》出版后，果然遭到了罗马教廷的激烈反对，被列为禁书，就连宗教改革家马丁·路德也辱骂哥白尼是个傻子，居然想推翻《圣经》的权威论证。直到 300 多年以后的 1882 年，罗马教皇才最终承认了哥白尼学说是正确的。

哥白尼不仅仅是一位伟大的天文学家，他还在众多方面取得了突出成绩。他精通拉丁文和希腊文，对古希腊罗马的文学颇有研究；他绘制过埃尔门兰德地区的地图，设计过埃尔门兰德各城市的自来水系统；他的医术大名远扬，连教区外的人也常来请他治病；他甚至写过一本《货币的一般理论》的经济学著作，主张实行货币改革，限制货币发行量，以抑制因为货币贬值而给国内市场带来的混乱。

乌托邦

托马斯·莫尔于1478年2月7日出生在英国伦敦一个富裕的家庭，他的父亲曾担任过英国皇家高等法院的法官。12岁时，按照当时给名人当侍从的社会风气，莫尔被父亲送到坎特伯雷大主教约翰·摩顿家当侍从。摩顿既是学识渊博的学者、律师、建筑师，又是阅历丰富的政治家、外交家。莫尔耳濡目染，再加上他聪明伶俐，勤奋好学，进步非常快。摩顿曾向他的朋友说："在我们桌子旁服侍的这个孩子将会成为一个出类拔萃的人物。"当时拉丁文是通往上层社会的通行证，所以14岁时，莫尔又被送到伦敦的圣安东尼学校学习拉丁文。1492年，莫尔进入牛津大学攻读古典文学。他在这里广泛阅读了很多古希腊哲学家和当代人文主义者的作品，其中柏拉图的思想对莫尔产生了巨大的影响，使他成为一个人文主义者。后来莫尔转学法律，成为一名正直的律师，获得了很高威望并当选为议员。此后，莫尔步步高升，被封为爵士，担任过下院议长、英国大法官，成为仅次于英国国王的重要人物。后来由于莫尔反对英国国王亨利八世成为英国宗教领袖而被处死。

莫尔所处时代的英国处于亨利八世的统治之下，王室贪得无厌，对外侵略扩张，官员欺上瞒下，贪污腐败成风，贵族和大商人勾结政府，欺压百姓。当时贵族和大商人为了养羊获取高额利润，将成千上万的农民赶走，霸占他们的土地。被驱赶的老百姓到处流浪，不是被饿死，就是沦为强盗。莫尔对社会现状极为不满，于是就写了《乌托邦》一书来讽刺黑暗的现实和寄托自己的理想。

《乌托邦》的全名是《关于最完美的国家制度和乌托邦新岛的既有益又有趣的全书》，“乌托邦”这个词来源于希腊语，意思是“没有的地方”。这本书采用了莫尔和一个水手对话的形式，讲述水手在奇异的岛国——乌托邦的生动有趣的见闻。

乌托邦是个大岛屿，全岛有54个城市，每个城市分4个区，各个区中每30户选举一名低级官员，再从10名低级官员中选举一名高级官员。乌托邦的首都亚马乌罗提城在岛的中央，这样便于各个城市的代表开会。乌托邦的全国最高机构是元老院，代表由岛上54座城市派出3名经验丰富的公民组成，每年更换一次，商讨关系到全岛公共利益的事务。元老院选举一人担任国王，国王是终身制，但如果国王虐待人民，可以弹劾他。政府除了偶尔组织人民反抗外来侵略外，其余职能都是组织社会生产劳动和安排人民生活。各级官员除了调解民事纠纷外，也要参加劳动。

《乌托邦》插图

不劳而获、战火纷飞、尔虞我诈，这些现象在乌托邦是难以觅寻到的。由于莫尔不承认亨利八世为宗教领袖，因此被处以绞刑。

乌托邦的土地、生

产工具、房屋、财产归全民所有，生活用品按需分配。在平等基础上实行生产公有和消费公有。乌托邦男女平等，妇女有受教育权、婚姻自主，和男子一样参加社会劳动，享有和男子一样的政治权力。在乌托邦，农业受到高度重视，但农业不是一种职业，而是一种义务劳动。乌托邦的每个公民都必须从事两年的义务劳动，然后回到城市从事一门手艺。只有特别喜欢和擅长农业劳动的人才能申请延长劳动时间。但如果碰上农忙，就要安排城里的人去乡村劳动。他们每天工作 6 个小时，其余的时间归个人支配。人们的服装样式基本上都一样，只有男式女式、已婚未婚的分别。公民就餐在公共食堂，看病到公共医院。乌托邦物资充足，生活富裕，这里没有盗贼，也没有乞丐。乌托邦的人勤奋敬业，生活简朴，遵守法令，乐于助人，鄙视游手好闲和奢侈腐化。乌托邦禁止嫖赌、饮酒、欺骗、阴谋、虐待等恶行。乌托邦没有货币，没有商品，人们视金银如粪土，把金银做成粪桶溺盆等。在信仰方面，乌托邦信仰自由。

乌托邦还非常重视教育和科学研究，每个儿童必须上学，不仅要进行知识方面的培养，还要进行道德方面的培养。从事科学研究的人可以不参加劳动，但如果不能胜任，就要被安排去劳动。相反，如果从事劳动的人有特长，那么也可以去参加科学研究。

《乌托邦》是世界上第一部空想社会主义名著，影响了后来的傅立叶、圣西门和欧文等空想社会主义者。空想社会主义也是马克思的科学社会主义的来源之一。

塞万提斯

米格尔·德·塞万提斯·萨维德拉，1547 年出生于西班牙首都马德里附近的阿尔卡拉·德·埃纳雷斯小城的一个没落贵族家庭，他的父亲是一个外科医生。由于家境贫寒，塞万提斯只上过中学，但他非常勤奋好学，走在街上见到有字的废纸也要捡起来读一读。虽然塞万提斯没有上过大学，但他阅读了很多古希腊古罗马的经典名著和其他著作，成为一个博学的人。

22 岁那年，塞万提斯作为红衣主教的侍从来到了意大利。在意大利，塞万提斯深受当时兴起的人文主义的影响，广泛接触了很多文人学者，阅读了大量优秀的文学作品。一年后，不安现状的他参加了西班牙驻意大利的军队，被分配到一艘战舰上当水兵。

当时奥斯曼土耳其的舰队经常出没在地中海，给欧洲国家构成了很大的威胁。于是西班牙和意大利的威尼斯组成联合舰队，共同抵抗土耳其。1571 年，历史上著名的勒颁多海战爆发。本来塞万提斯发高烧，船长让他躺在船舱中休息。但塞万提斯怎么

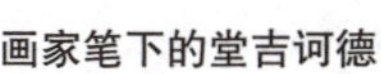

画家笔下的堂吉诃德

也不答应，他不顾船长的劝阻，毅然冲上甲板参加战斗。在战斗中，塞万提斯和战友们最先登上土耳其人的战船，同敌人展开了殊死搏斗。最后西班牙和威尼斯的联合舰队大获全胜，而塞万提斯则身受重伤，被截去了左手。但塞万提斯一点也不后悔，他说："失去了左手，右手更显得光荣！"

1575年，塞万提斯请假回家去看望父母。临行前，西班牙舰队的统帅给西班牙国王写了一封推荐信，希望能提拔塞万提斯做军官以表彰他在勒颁多海战中的英勇表现。在回国途中，塞万提斯遇上了土耳其海盗，被卖到阿尔及利亚当奴隶。因为塞万提斯身上有一封推荐信，土耳其人把他当成大人物，向他勒索巨额赎金。

经过了5年的奴隶生活，塞万提斯的家人才凑够了赎金，将他赎回。就这样，塞万提斯回到了阔别了11年的故乡。回到西班牙后，塞万提斯并没有受到西班牙国王的重用，只担任了一个普通的税务人员。由于塞万提斯刚直不阿，得罪了贵族和教会，被人诬告投入了监狱，后经朋友多方奔波才得以出狱。

不幸的遭遇和长期在社会底层的生活，使塞万提斯深刻地了解了西班牙社会的黑暗和不公。1605年，58岁的塞万提斯写出了他的不朽名著《堂吉诃德》的第一部。这本书很快就风靡全国，一年中竟然再版6次，成为当时的流行小说。一次，西班牙国王站在阳台上看见一个大学生边走边看书，并不时地哈哈大笑。国王就对侍从说："那个大学生不是神经病就是在看《堂吉诃德》。"但塞万提斯的贫穷生活仍然没有改变。由于塞万提斯在《堂吉诃德》中对教会和贵族进行了辛辣嘲讽，于是有人写了一本《堂吉诃德》续集，严重歪曲了堂吉诃德的形象。塞万提斯非常生气，不顾自己身患水肿病，坚持创作，写出了《堂吉诃德》第二部。1616 年，贫病交加的塞万提斯与世长辞。

《堂吉诃德》是塞万提斯的代表作，也是世界文学史上一部经典之作。《堂吉诃德》的全名是《奇情幻想的绅士堂吉诃德·台·拉·曼却》，讲的是一个叫堂吉诃德的穷乡绅非常喜欢看骑士小说，终于有一天他走火入魔了。他找出祖先留下的一套旧盔甲，骑着一匹瘦弱的老马，手拿一柄长矛和破盾牌，带着随从桑丘，去打抱不平，改造社会，结果惹出了一连串的笑话。

看见了风车，堂吉诃德认为那是可怕邪恶的巨人，不顾桑丘的劝阻，骑着马冲过去与“巨人”搏斗，结果身受重伤。

在酒馆里，堂吉诃德认为这是魔鬼的城堡。他冲进地窖，把酒馆老板盛酒的皮囊全都刺破，鲜红的葡萄酒流了一地。堂吉诃德大声叫嚷：“我把魔鬼都杀死了！”结果被酒馆老板赶了出去。

堂吉诃德处处碰壁，惹了很多笑话，直到临死前才清醒过来，认识到骑士小说害人不浅，将他收集的骑士小说付之一炬。他对继承自己财产的外甥女只提出了一个要求，就是不能嫁给读过骑士小说的人。

由于教会对塞万提斯恨之入骨，所以他死后连一块墓碑都没有给他立。但人民没有忘记塞万提斯，200 多年后，西班牙人民在首都马德里广场树立起了堂吉诃德和桑丘的雕像。

鲜花广场上的火刑

1600 年 2 月 17 日，罗马鲜花广场，烈火与浓烟吞噬了一个伟大的生命。在生命的最后时刻，殉道者对全世界发出响亮的号召：

“火并不能把我征服，未来的世界会了解我，知道我的价值！”这位伟大的殉道者就是文艺复兴时期意大利最著名的天文学家、科学家——乔尔丹诺·布鲁诺。

布鲁诺1548年出生于意大利那不勒斯附近诺拉城的一个贫苦农民家庭，10岁就进了修道院。命运似乎要安排布鲁诺为宗教而献身，投入上帝的怀抱。可是自幼性格倔强、善于独立思考的布鲁诺却走向了另一面：他读了大量书籍，自学了多门学科的知识，特别是天文学。当他读了哥白尼的《天体运行论》之后，更看到科学的光明。对于黑暗的基督教神学世界，他嗤之以鼻，他要为科学的胜利进军摇旗呐喊。

布鲁诺不惮于公布自己的天文学、哲学见解。在《挪亚方舟》一文中，布鲁诺不但讥讽了权威的亚里士多德，甚至直接抨击了《圣经》和罗马教廷。当时布鲁诺还是一名修道士，他这种离经叛道的举动引来了宗教卫道士们的围攻，但都被他一一挫败。渐渐地，罗马教廷不能再容忍这样一个“异端分子”挖断自

圣阿伯利奈尔教堂内景
教会势力在欧洲极为庞大，教堂成为当时欧洲各个地区最为豪华的建筑。

已的根基，于是派人监视其言行。布鲁诺被迫流亡海外，先后辗转于瑞士、法、英、奥地利、匈牙利和捷克、斯洛伐克等国。流亡生活并没能使他火热的内心世界有丝毫降温，他到处演讲，宣传哥白尼的日心说，痛斥基督教神学的愚昧和专横，点燃了无数青年学生和进步人士心中的科学之火，科学的种子撒遍了欧洲大陆。

在这幅15世纪的绘画中，当教士布道、举行弥撒和圣餐礼时，周围的信徒都恭敬地跪在地上。

经过对自己演说的整理，1584年，布鲁诺写成《论无限性、宇宙和诸世界》一书。书中系统阐述了自己的无限宇宙论的思想，高度评价了哥白尼的日心说。他写道："宇宙是个宏伟的肖像，是个独一无二的自然，借助于全部物质的种、主要本原和总和，它也是它所可能是的一切，既不能给它增添什么，也不能从它那儿拿去任一形式。"布鲁诺认为宇宙是无限大的、物质的，包含着无数像太阳一样发光发热的恒星。同时太阳仅仅是太阳系的中心而已，并不是宇宙的核心。布鲁诺还做出超越时空的预言：生命不仅存在于地球，在遥远的其他行星上也可能有生命的踪迹。

束缚人们思想达几千年之久的"球壳"，就这样被布鲁诺打碎了。布鲁诺的卓越思想让同时代的人茫然、震惊，他们认为布鲁诺的思想简直是"骇人听闻"，就连被尊为"天空立法者"的天文学家开普勒都无法接受。罗马教廷更是被布鲁诺的思想和言论吓得瑟瑟发抖，他们不择手段地收买布鲁诺的朋友，将布鲁诺诱骗回国，并于1592年5月23日逮捕了他，把他囚禁在宗教裁判所的监狱里。

布鲁诺锒铛入狱，但他不改初衷，在他看来，真理终将战胜邪恶。宗教裁判所对其施尽酷刑，也没使勇士屈服，就转而利诱："只要你公开表示认罪和忏悔……给你安排一个令人羡慕的高位。"布鲁诺却轻蔑道："这正体现了你们内心的虚弱和恐慌！"主教恼羞成怒："你执迷不悟，等待你的只有火刑。"布鲁诺则平静却有力地说："真理面前，我绝不退让半步。"在经受了8年之久的接连不断的审讯和折磨后，布鲁诺在鲜花广场的火海中走完了他短暂而光辉的一生。

布鲁诺虽然被处死了，但其为科学献身的精神却获得永生。后来，人们在鲜花广场为这位科学的殉道者立了纪念碑。

莎士比亚

莎士比亚的父亲早年是自耕农，1551年迁居到斯特拉福镇，开了一家经销皮革制品兼营农产品的店铺，1557年同当地的富家女儿玛丽·阿登结婚，生了8个子女，存活5人，莎士比亚排行老大。4岁时，他的父亲被选为"市政厅首脑"，成了拥有2000多居民、20家旅馆和酒店的斯特拉福镇镇长。7岁时，他开始上学，学习拉丁语、文学和修辞学。1578年，父亲经商失利，莎士比亚只好辍学帮助父亲打理生意。虽然莎士比亚只读过7年书，但掌握了丰富的

画家笔下的奥菲莉娅

奥菲莉娅是莎士比亚著名悲剧《哈姆雷特》中的一个不幸少女。

修辞、历史和古典文学知识。18 岁时，他与邻乡富裕农民的女儿安·哈瑟维结婚，三年后已有 3 个孩子。莎士比亚对自己的婚事常常感到遗憾，他的妻子比他大 8 岁，而他认为女人应该与比自己年纪大的男子结婚。

1586 年，莎士比亚来到伦敦，在一家剧院门口当马夫，侍候骑马前来看戏的富人。他头脑灵活，口齿伶俐，工作之余，还悄悄地看舞台上的演出，并坚持自学文学、历史、哲学等课程，同时自修了希腊文和拉丁文。当剧团需要临时演员时，他就演一些配角，不久就被剧团吸收为正式演员。那时候，伦敦的剧团对剧本的需求非常迫切。因为一个戏要是不受观众喜欢，马上就要停演，需要再上演新戏。莎士比亚在学习演技的同时，也开始编写一些剧本。27 岁那年，他写了历史剧《亨利六世》三部曲，展示出了自己的才华。剧本上演后，大受观众欢迎，莎士比亚逐渐在伦敦戏剧界站稳了脚跟。1596 年，他在南安普敦伯爵亨利·娄赛斯雷的帮助下，替父亲申请并获得了家徽，于是莎士比亚家成了当地世袭的乡绅，以后他又在家乡购置了房产和地产。

莎士比亚一生共写了两部长篇叙事诗、37 个剧本、154 首十四行诗和一些杂诗，代表作品众多。以 1600 年为界，莎士比亚的作品分为前后期，前期的基调是乐观的，所写 9 部历史剧反映了英国民族国家的形成过程，表达了反对封建割据，拥护中央集权的君主专制制度，希望实现开明君主统治的愿望。这个时期的悲、喜剧更多地表现了人文主义者的理想。以“爱征服一切”为主题，悲剧《罗密欧与朱丽叶》反映了爱情、理想与封建偏见的冲突，赞美了青年纯真的爱情。《威尼斯商人》则描写了旧式高利贷商人与新兴工商业资本家之间的矛盾。1601 ~ 1607 年是莎士比亚创作最辉煌的时期，这个时期莎士比亚的作品以悲剧为主，是封建社会后期激烈的阶级斗争的反映。《哈姆雷特》以 12 世纪丹麦史的一个复仇故事为主题，揭露宫廷的仇杀，认为整个世界都成了一座监狱。《李尔王》则描写了社会正义与权威之间的矛盾。莎士比亚的戏剧处处体现了人文主义思想，使他成为英国文艺复兴运动的代表性人物。除戏剧外，莎士比亚的十四行诗大都是写给他一个理想中的情人的，在表达爱情中流露出对生活的肯定，要求个性解放。

1610 年前后，莎士比亚回到故乡，开始享受田园生活，安度晚年。

莎士比亚成名时所受到的尊重远不如今天，当时的剧作家都是受过高等教育的大学精英分子，他们对来自农村、学历浅薄的莎士比亚突然成为剧坛的明星，深感不安，羞与为伍。名噪一时的戏剧作家格林在写给同行的信中公开攻击莎士比亚是一只“青云直上的乌鸦，利用我们的羽毛美化自己，用演员外衣掩盖起虎狼之心”，还辱骂莎士比亚“自以为写了几句虚夸的无韵诗就能同你们中最优秀的人比美，他是地地道道的打杂工，却自以为在英国只有他才能‘震撼舞台’”。

1616年初，莎士比亚因病逝世。在他的墓碑上刻着这样的碑文：“看在上帝的面上，请不要动我的坟墓，妄动者将遭到诅咒，保护者将受到祝福。”

伽利略的故事

实践出真知，谁要是违背了这条真理，谁就注定要在科学面前跌上一跤，哲学大师亚里士多德也不能例外。

伽利略

亚里士多德曾做出这样一个著名论断：两个铁球，其中一个是另一个重量的10倍。如果两个铁球在同一高度同时落下，那么重的铁球落地速度必然是轻的铁球的10倍。这话并不难理解：重的物体当然比轻的物体先着地，这还用问吗？而且这话是大师说的，人们对此深信不疑。而一个十七八岁的毛头小伙子偏不信这一套，招来人们一阵又一阵的冷嘲热讽。

这个毛头小伙子就是18岁的伽利略，在1590年的一天，他当众宣布自己要检验一下圣哲的话，地点就选在著名的比萨斜塔。

这天天气格外晴朗，好像老天也要见证一下这个历史时刻。消息传出，人们奔走相告。时过不久，比萨斜塔周围便密密麻麻地挤满了人，就像今天的重大赛事要开场一样。

伽利略带着他的助手，信心十足地步入斜塔，然后快步走上塔的最高层。他环视四周，人们的面孔有的充满惊奇，有的则略带嘲讽，还有的漠然以待。伽利略不慌不忙将器具一一取出。这些器具包括一个沙漏（用于计时），一个铁盒，底部可以自动打开，还有两个分别重为10千克和1千克的铁球。伽利略的助手将这两个铁球装入盒子，然后将盒子水平端起，探身到栏杆的外侧。最后由伽利略在众目睽睽之下按动按钮，盒子的底部打开，两个铁球同时从盒中脱落，自由落向地面。这时成千上万的人全都屏住呼吸，目光随着铁球向下移动，在铁球从铁盒落到地面的短暂

审判伽利略

伽利略于1632年出版了《关于托勒密和哥白尼两大世界体系的对话》，提出了全新的宇宙论。结果宗教裁判所命令伽利略说清楚自己为什么质疑传统的观念。最终伽利略被迫宣称地球是宇宙中静止不动的中心。

间隔中，人群异常安静，地上连掉一根针都能听到。短暂的十几秒钟过去了，只听“咚”的一声，两个铁球同时砸到了地面上，时间不差分毫。平静的人群立即沸腾了，有的人对着塔上的伽利略欢呼，有的人惊得合不拢嘴，那副神情分明在说：“原来亚里士多德也有错的时候！”伽利略则浑身轻松，心满意足地微笑着。

自由落体实验在人们的一片沸腾声结束了，亚里士多德的“落体运动法则”不攻自破。可敬的伽利略并没有为这点小小成绩（在他看来，这仅仅是一点小小的成绩）而飘飘然，从塔上下来，他就投入到新的科学研究中。

凭着这种追求真理、尊重实践的科学精神，伽利略又接连做出一系列的重大发现。1608 年，有一位荷兰的光学家，无意之中将两张玻璃片组合起来，竟能将远处的景物看得好像就在眼前一样。这项惊人的发现立刻吸引了伽利略的注意。根据他的推想，望远镜的两个透镜必须一个是凸透镜，一个是凹透镜。于是，他成功地制造了一个能放大两三倍的望远镜。之后，伽利略经过一次又一次改进，最后制造出一架可以放大 32 倍的望远镜。他将望远镜送给威尼斯的市议会，市议会对他的成就非常赞赏，对这位杰出的物理学家刮目相看，立刻决议增加他的薪水，并且承认其地位为终身职业，这是许多教授梦寐以求的。

在一个晴朗的夜里，伽利略用望远镜去观察月亮。那个时候，人们依照亚里士多德的学说及圣经的教义，认为月亮是完美无缺的，表面是完全光滑的银白色。可是伽利略透过这支简陋的望远镜，发现月亮和地球一样，有高山也有深谷，既不平滑，也不光洁。他又用这架望远镜去看银河，发现银河竟是由无数的小星球组合而成的，因为有的星球离开地球太远，若不借助望远镜，便无法看得真切。

一次，伽利略在教堂里祈祷完之后，就坐在长凳上看远处的景物。他的视野中浮过雪白的大理石柱、美丽的祭坛……突然，教堂的执事进来破坏了沉静的氛围，原来他来点教堂的灯，这种灯是用长绳系在天花板上的。当这位执事点灯时，不小心碰动了它。借助惯性，吊灯就一左一右地摆个不停。这时，伽利略的注意力又转移到灯上，目光随着吊灯左右摆动。突然，伽利略发现一个有趣的现象，尽管吊灯摆动的幅度越来越少，但完成摆动周期所花的时间始终未变，当时他测定时间是靠脉搏的频率。伽利略由此发现了钟摆的等时性原理。

除了这些发现，伽利略还著有《论运动》《关于托勒密和哥白尼两大世界体系的对话》《关于两种新科学的对话》等科学专著。伽利略为科学事业做出巨大贡献，被称为近代自然科学的奠基人。

哈维和血液循环

威廉·哈维（1578 ~ 1657 年）出生在英国肯特郡的一个富裕家庭，他从小好学，读小学时，他就以优异的成绩名列前茅，尤以英语和拉丁语最为突出。他 10 岁时进入坎特伯雷王家学校，16 岁时进入剑桥大学，并在 3 年后获得文学学士学位。1600 年，哈维进入意大利的帕多瓦大学学习医学，在两年后以优异的成绩获得医学博士学位，教授们在他的学位证书上写下了这样的赞语："威廉·哈维以突出的学习成绩和不平凡的才能引人注目，并获得本校

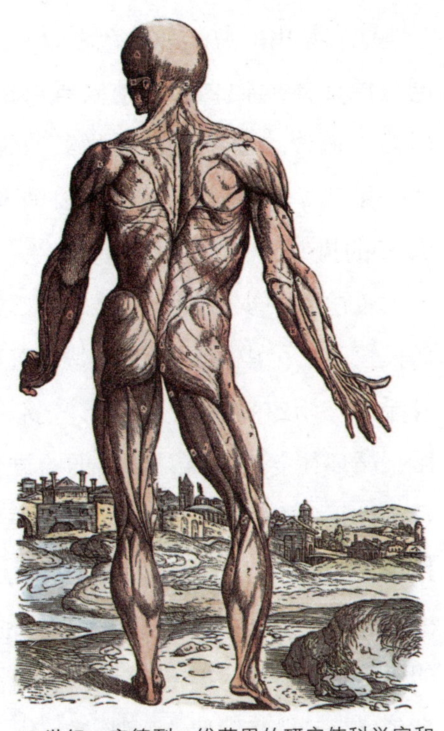

16 世纪，安德烈·维萨里的研究使科学家和医生得到了清晰的人体解剖图。17 世纪，对人体的了解深入到内部，特别从血液循环系统的研究为代表。

讲授解剖学、医学和外科教授们的赞扬。”学成归国后不久，哈维和伊丽莎白女王的御医朗斯托洛·白劳恩的女儿结为伉俪。母校剑桥大学为表彰他在留学中所取得的卓越成绩，也授予他博士学位。两年后，英国皇家医学院又选举他为委员，又过了几年，哈维被委任为圣巴托罗缪医院的医师。

早在公元前2世纪，古罗马的神医盖仑提出了一种血液循环理论，他认为血液在人体内像潮水一样流动之后，便消失在人体四周，并把血液运动解释为是上帝的安排。他的这一理论被教会当作不可侵犯的真理，一直到16世纪时，才受到怀疑和挑战。享有“解剖学之父”美誉的比利时医生维萨里和发现血液小循环系统的西班牙医生塞尔维特相继批判了盖仑的学说，但他们也为此付出了生命的代价。维萨里受到宗教裁判所的迫害，被判处死刑；塞尔维特在日内瓦被当作“异教徒”活活烧死。半个世纪之后，哈维决心弄清人体血液的奥秘，他动手在自己家中建立起了实验室，开始了艰苦的探索。

他先是用的兔子和蛇，之后又扩展到其他40余种动物。在解剖这些活体动物之后，他发现心脏的作用就像一个水泵，它专门输出血液，这些血液凭借其收缩压力流遍全身。这时他又产生了第二个疑问：心脏中的血液又是从哪儿来的呢，是自己造出来的吗？

通过进一步研究，哈维终于发现心脏本身不具备造血机能，而仅仅是一个中转站和动力站而已。血液被心肌压出，沿动脉血管流向身体各个组织、器官，之后再经静脉管回流心脏，周而复始，循环往复。这就是著名的哈维血液循环理论。为了证明这一理论的正确性，哈维又进行了相关实验。他请一些体型较瘦的人作为实验对象，先把他们的静脉扎紧，结果近心端的血管瘪了下去；然后再扎起动脉，却发现近心端的血管膨胀起来，而远心端的血管瘪了下来。这充分说明，血液从心脏流出，经动脉到达全身各处，又从静脉回流心脏。

尽管哈维的科学结论有充分的事实依据，可还是没有被当时学术界、医学界、宗教界的认可，甚至遭到非议和攻击。

1628年，他的《心血运行论》在德国的

哈维发现血液循环的机理后，很多人并不相信。作为皇家医生的他经常给国王查理一世讲解有关血液循环的机理。

法兰克福出版，这部只有72页和两幅插图的惊世之作，虽然堪称生理学由蒙昧走向科学的转折点，但是却因为他的观点与权威理论不符，而被称为荒谬的言论和无稽之谈。不过还好，因为他的御医身份，教会虽然气恼，却也奈何不了他。

晚年的哈维刻苦钻研动物生殖和发育问题，在1651年又出版了《动物生殖》一书，提出了生物器官的“渐成论”，否认了那种认为各个器官同时形成的“预成论”。英国皇家科学院为表彰他的功绩，特地为他建造了一座铜像。

1657年6月3日，哈维因脑血栓突发病逝于伦敦，享年80岁。皇家医学院为他举行了隆重的葬礼，将他葬在伦敦以北80千米处哈维家族的墓地。1883年10月18日，皇家医学院为他举行了迁葬仪式，将他的遗骨重新安葬在汉普斯台德大教堂的哈维纪念馆中。在他的墓地上竖起一块石碑，上面的题词是：“发现血液循环，造福人类，永垂不朽！”

胡格诺战争

胡格诺战争是法国天主教势力同新教胡格诺派（即加尔文派）之间进行的一场长期战争。它虽然带有明显的宗教色彩，但就其性质和内容而言，则是法国的一场内战。

在中世纪的法国，王权与贵族割据势力不断斗争，由于经济利益和宗教信仰的不同，反对王权专制的贵族逐渐分为两个集团：一个是以王室近亲吉斯公爵和洛林红衣主教查理为首的强大的天主教集团，他们对国王有举足轻重的影响；一个是以波旁家族的孔代亲王、纳瓦尔国王亨利、海军上将科利尼为代表的新教胡格诺派集团。

胡格诺战争的直接导火索是“瓦西镇屠杀”。早在16世纪40年代，亨利二世就曾让特别法庭以惩办异端为名，将大批胡格诺派教徒处以火刑。1559年，弗朗索瓦二世继位后，因为他的年纪太轻，大权旁落到了吉斯家族手中，致使新旧教派冲突更加加剧。1562年3月1日，胡格诺教徒正在瓦西镇举行宗教仪式，吉斯公爵率军队赶到，大肆屠杀，胡格诺教徒死伤将近200人。

1562年12月，天主教与胡格诺教在德勒交战，这一战中，天主教徒的将领蒙朗西被俘，元帅安德烈战死。1563年2月，在奥尔良一战中，吉斯公爵被暗杀，而胡格诺派的纳瓦尔国王安托万在鲁昂之围中战死。1563年3月，王后卡特琳发布“安布瓦斯敕令”，给了新教徒信仰自由和在指定地区举行宗教仪式的自由。

1567年9月，新教胡格诺派包围巴黎。11月，双方在圣德尼交战，德国新教派兵驰援法国新教，使胡格诺派兵力得以增强，战胜了天主教派。1568年，法国天主教和宫廷被迫签订《隆朱莫条

·巴黎圣母院·

巴黎圣母院是一座哥特式的教堂，是古老巴黎的象征。它矗立在塞纳河中西岱岛的东南端，位于整个巴黎城的中心。为欧洲早期哥特式建筑和雕刻艺术的代表。集宗教、文化、建筑艺术于一身的巴黎圣母院，原为纪念罗马主神朱庇特而建造，随着岁月的流逝，逐渐成为巴黎圣母院早期基督教的教堂。它的地位、历史价值无与伦比，是历史上最为辉煌的建筑之一。

1572年8月23日，法国国王下令展开圣巴托罗缪日大屠杀，这使南北矛盾更加尖锐。

约》。9月，在天主教的压力之下，查理九世撤销宗教宽容敕令。1569年3月，新教军队在雅尔纳克被天主教军队击败，孔代战死。1570年，为了缓和两派关系，太后卡特琳签署“日耳曼敕令”，新教徒又获得了有限的信教自由。

1572年8月23日，吉斯公爵之子亨利乘胡格诺派的重要人物聚集巴黎庆祝其领袖亨利婚礼之机，以巴黎各教堂的钟声为号，率军对胡格诺教派进行突然袭击，杀死胡格诺教徒2000多人。由于24日正值圣巴托罗缪节，因此这一血腥的夜晚在历史上被称为“圣巴托罗缪之夜”。这次大屠杀后，胡格诺派在法国南部和西南部组成联邦共和国，并于1575年发动全面起义，很快席卷了法国南部的大部分地区。

1576年5月，法王亨利三世签署“博利厄敕令”，给予新教在一切城市举行宗教仪式的自由。天主教徒对此强烈不满，吉斯公爵亨利成立天主教神圣同盟，两派战争又起。1577年9月，战败的胡格诺派与天主教派缔结“贝日拉克和约”，使“博利厄敕令”中给予新教的自由和权利得到了限制。

1585年，得到西班牙支持的吉斯公爵亨利在南特重建天主教同盟，亨利三世也撤销两次敕令，胡格诺派则在波旁家庭的纳瓦尔国王亨利的带领下，于1587年在库拉特击败天主教军队。

1588年5月，吉斯公爵亨利进入巴黎城，包围王室所在的卢浮宫，亨利三世逃出巴黎，并签署敕令满足天主教的一切要求。同年12月，吉斯公爵和天主教所有首领被国王近卫军暗杀，巴黎发生暴乱，成立了以吉斯家族为首的新政权，亨利三世不得不与波旁家族结盟。1589年，纳瓦尔国王亨利在亨利三世被刺杀后成为法王亨利四世。

天主教派拒不承认亨利四世的法王地位，所以亨利四世无法进入巴黎，而当时法国90%以上的人口都信仰天主教。1593年7月25日，在重压和形势的逼迫之下，亨利四世在圣德尼大教堂改信天主教，并与天主教达成休战协定。

1594年3月22日，亨利四世进入巴黎，并于1598年4月颁布“南特敕令”，宣布天主教为国教，胡格诺派在法国全境有信教的自由，“南特敕令”保留了胡格诺教派的一些特权，打破了天主教一统天下的局面，而至此，持续30多年的胡格诺战争结束了。

从养羊到圈地

15世纪末16世纪初，随着新航路的开辟，海外贸易量逐渐增大，人们对呢绒的需求日益增加，使毛纺织业开始繁荣起来。随着毛纺织业的迅速发展，对羊毛的需求量越来越大，羊毛的价格飞涨。为了获取高额利润，越来越多的人开始养羊。

英国是位于大西洋上的一个岛国，气候湿润，雨量丰沛，草木茂盛，非常适合畜牧。一些英国贵族为了赚取利润，纷纷投资养羊。养羊需要大片的土地，贵族们先是把荒地、森林和沼泽的土地围起来当作牧场。当这些土地无法满足贵族们日益扩大的羊群时，他们又把原来租种他们土地的农民赶走，拆毁房屋，把整个村庄甚至所有能长草的土地都用篱笆把土地圈占起来，变成牧场养羊。在当时的英国，到处可以看到被木栅栏、篱笆、沟渠和围墙圈起来的一块块的草地。这就是历史上臭名昭著的圈地运动。

那些被赶出家园的农民，无家可归，只好到处流浪。他们找不到工作，无力养活家人，很多人铤而走险，变成了强盗，英国的社会秩序愈来愈乱。

圈地运动从 15 世纪 70 年代开始，一直持续到 18 世纪末，英国有一半以上的土地都变成了牧场。在圈地运动的发展过程中，为了维护社会秩序，虽然英国国王爱德华六世颁布了一些企图限制圈地程度的法令，但这些法令并没起多大的作用，圈地日益愈

圈地运动造成了“羊吃人”的悲惨结局。英格兰沿海的大亚茅斯周遭环绕着农田和牧场，这里是英国“圈地运动”的盛行地区。

演愈烈。很多钱迷心窍的贵族置法律于不顾，根本不肯停手。

在限制圈地运动的同时，英国国王为了使被驱逐的农民很快安置，也颁布了限制流浪者的法令，其实是想把那些流离失所的农民，都赶进工场做工。法律规定凡是有劳动能力的流浪者，如果在规定的时间内找不到工作，一律严惩。

后来英国国会又颁布了一个法令，凡是流浪一个月还没有找到工作的人，一旦抓住就要卖为奴隶，奴隶的主人可以让他干任何工作。如果奴隶逃亡，抓回来要判为终身的奴隶。第三次逃亡，抓回来后要判处死刑。任何人都有权将流浪者的孩子抓去当学徒，做苦力。

在亨利八世和伊丽莎白统治时期，大批流浪的农民被处死。圈地运动使英国失去土地的农民越来越多，农民为了活命不得不走进生产羊毛制品的手工工场或其他手工工场，成为资本家的廉价劳动力，忍受资本家的残酷剥削。在手工工场里，工人每天要工作十几个小时，但工资却很低。

忍无可忍的农民被迫揭竿而起。在英国各地爆发了很多反对圈地运动的起义，其中最大的是诺福克郡的农民罗伯特·凯特领导的起义。1549年6月，农民凯特率领大批被夺去土地的农民发动了大规模的起义。起义军逼近诺福克郡的瑙威城，市政府吓得紧闭城门。凯特就把起义军驻扎在城外的森林中，附近的失去土地的农民和城中的破产农民纷纷前来投奔，起义军很快就发展到2万人。

凯特给市政府送去了一封信，要求立即停止圈地，恢复农民对土地的使用权。市政府一面假装答应，一面连夜去报告国王。

国王听了，派人送来大赦令，要求农民回家，但并没有满足他们的要求，愤怒的农民占领了瑙威城。

国王得知瑙威城被农民占领后，立即派沃里克率 1.5 万军队前去镇压。起义军与政府军展开了浴血奋战，由于政府军装备精良，训练有素，在激战了两天后，起义军战败，凯特等 300 名农民被绞死。那些对凯特怀恨在心的贵族要求沃里克大规模屠杀农民，沃里克问：“杀光了农民，你们去种地吗？”这些贵族才肯罢休。凯特的起义虽然失败了，但在一定程度上遏制了圈地运动。

圈地运动为英国提供了大量的资金和廉价劳动力，使英国的资本主义很快发展起来。

“无敌舰队”的覆灭

自哥伦布发现新大陆后，西班牙凭借强大的海上势力，在美洲占领了广大地域，掠夺了大量财富，并将殖民势力扩展到欧、亚、非、美四大洲。此时，英国正处于资本主义发展阶段，急需大量的原料和财富，也开始积极推行殖民政策，向外扩张。西班牙是海上霸主，这给英国的对外扩张带来极大的阻碍，于是两国的矛盾冲突日益尖锐。

为和西班牙争夺海上的霸权，英王伊丽莎白采取各种措施加快海军的建设，同时利用海盗来抢劫西班牙从各地掠来的财物，从而威胁西班牙在海上的贸易垄断地位。西班牙对此极为恼火，怀着侵占英国的目的，就想把苏格兰女王玛丽扶上英国的王位。1587 年 3 月，伊丽莎白下令处决了玛丽。海上的不断侵扰和玛丽

画中描绘了 1588 年侵入英国的西班牙“无敌舰队”，在英国舰队的炮火轰击下慌张撤退的情景。

之死，使愤怒的西班牙国王腓力二世准备以武力征服英国。

1588 年 2 月，西班牙国王腓力二世命西多尼亚公爵为统帅，率领 130 余艘船、3 万余人、2431 门火炮组成庞大舰队远征英国。英国接到情报后，积极备战。伊丽莎白命霍华德勋爵为统帅，德雷克为副手，并对英国舰船船身、船楼、船体及炮台、火炮做了相应的改进。英舰船体矮且狭长，重心较低，目标小，灵活性强，速度快。船上装载的火炮数量多，射程比西班牙的重炮远。

7 月中旬，在一座座堡垒似的西班牙战舰上挤满了步兵，西多尼亚欲利用步兵数量上的优势，运用传统战法，冲撞敌舰，并钩住它们，然后登船与英军进行肉搏战。但英军快速灵活，伺机攻击，始终保持敌炮射程范围之外的距离，利用自己炮火射程远的优势不断袭击敌船，消耗对方的火药，使他们时刻处于警备状态。当西班牙舰队到达尼德兰加来附近时，并未得到计划好的帕尔马公爵的船只、人员及弹药的补给。

7月29日凌晨，英国在8艘旧船内装满硫黄柴草等易燃物品，船身涂满柏油。点燃后，8只火船像8条火龙顺风而下，向西班牙舰队急驰而去。在黎明的宁静中，西班牙哨兵发现几道火舌向他们冲来，立即发出警报。顿时，西班牙舰队乱作一团，一些木壳船已经被大火点燃。西多尼亚公爵忙命令各舰船砍断锚索，想等到火船过去再占领这个投锚地。但恐慌的西班牙人乱成一片，他们只顾夺路奔逃，致使船只相互碰搏，甚至大打出手，而被砍断锚索的舰船只能随风沿着海岸向东北漂流。西多尼亚只好命旗舰圣马丁号起锚向漂流的船只追去。

德雷克、霍金斯等人继续全速向西班牙舰队追去。英军开始向西班牙军队发火，许多船只纷纷中弹起火，而西班牙的重炮却很难击中目标，步兵和重炮无法充分发挥作用。英国凭借船身矮小，灵活自如，对敌船猛烈地轰击。他们巧妙配合，相互策应，使散开的西班牙战舰更为混乱。激烈的战斗持续了近一天，英军的损失极小，而西班牙舰队却受到严重的摧残，舰船被打得支离破碎，旗舰被击沉，损伤30余艘船只，16艘成为英军的战利品，剩余的伤兵残船在西多尼亚的领导下被迫退出英吉利海峡。

不甘心失败的西多尼亚带领残部决定再度控制英吉利海峡，但风向始终没有转向有利于他的方向，再加上没有船只、人员及弹药的供给，他只好放弃并绕道北海退回西班牙。途中他们又遭到风暴的袭击，1588年10月，当他们返回西班牙时，仅剩43艘残破船只。

这场海战是历史上第一次全凭舰炮制胜的海战，舰船的机动性和火炮优势取代了传统的战法。同时英军的胜利使西班牙一蹶不振，英国成为新的海上霸主。

伊凡雷帝

1530年8月25日，俄罗斯首都莫斯科克里姆林宫诞生了一位王子，取名伊凡。这时，天空突然想起了阵阵雷声，紧接着一道闪电击中了克里姆林宫。莫斯科人惊恐万分，俄罗斯大公瓦西里三世派人到俄罗斯东边的喀山汗国，请求喀山大汗解释这个天象。善解天象的喀山大汗的妻子说："沙皇已经出生，他生下来就有两排牙齿，一排用来吞食我们，一排用来吞食你们。"

1533年，瓦西里三世去世，年仅3岁的伊凡登基，称伊凡四世。瓦西里三世的几个弟弟见伊凡四世年幼，根本不把他放在眼里，经常在他面前大吵大闹，甚至公开侮辱他。伊凡四世8岁时，这些大贵族又毒死了代他摄政的母亲，可怜的伊凡一下子成了孤儿，那些大贵族就更加肆无忌惮了。年幼的伊凡四世对那些贵族无可奈何，只好把怨气发泄到小动物身上。他经常残忍地拔掉小鸟的羽毛、挖掉小鸟的眼睛，看着它们痛苦地慢慢死去，而他却开心大笑。有时候伊凡四世抱着小猫、小狗，从塔楼上扔下去，看着它们摔死，从中寻找乐趣。

1547年，伊凡17岁了，莫斯科克里姆林宫大教堂为他举行了隆重的加冕仪式，大主教马卡林把从东罗马帝国传下来的皇冠戴在他头上。为表明自己已拥有无限的权力，伊凡四世不再满足大公的称号，他自称"沙皇"。沙皇起源于古罗马帝国皇帝的称号"恺撒"（俄语里的"沙"是从拉丁文"恺撒"转音而来），沙皇也就是皇帝。伊凡四世成了俄国第一位沙皇。

伊凡四世虽然登基了，但朝政大权还掌握在他的舅舅、大贵族格林斯基手里。格林斯基专横独断，横征暴敛，弄得人们怨声载道。

伊凡四世登基半年后，莫斯科城内突然发生了一场大火，火势非常凶猛，烧毁了大半个城市。莫斯科人纷纷传说这是格林斯基放的火，愤怒的人民自发组织起来，冲进格林斯基的家，杀死了遇见的所有格林斯基的家人，并将他家洗劫一空。后来又冲进克里姆林宫，继续追杀格林斯基家的人。直到伊凡四世发话说要严惩格林斯基，人们才逐渐散去。

这件事把伊凡四世吓坏了，从那以后，伊凡四世得出了一个教训："今后再也不能把政权交给大贵族掌握了，必须由自己亲自掌握。"他积极拉拢中小贵族和商人，成立了属于自己的特辖军，疯狂地屠杀了4000名大贵族，加强了中央集权，同时颁布了《兵役条例》，增强了军事实力。

为了满足中小贵族和商人对土地和财富的渴望，伊凡四世发动了对喀山汗

波克洛夫大教堂

此教堂为纪念1552年伊凡占领喀山而建。据说教堂竣工时，伊凡弄瞎了所有参与兴建该教堂的建筑师，因为他不想让他们建造比这更富丽堂皇的其他建筑。

国的战争。喀山汗国是从金帐汗国分裂出来的一个小国，这里土地肥沃，物产丰富，商业繁荣，俄罗斯曾对其发动过很多次侵略战争，结果都失败了。伊凡曾经发动过 3 次侵略喀山汗国的战争，结果也是大败而回。这次，伊凡四世亲自率领 15 万大军，带着 150 大炮，杀气腾腾地来到喀山城下。

当时喀山只有 3 万守军，使用的是落后的火绳枪，更糟糕的是喀山城的城墙还是木头的。

伊凡四世仗着优势兵力，要喀山人投降，但被喀山人严词拒绝了。恼羞成怒的伊凡四世疯狂地命令炮兵们开炮。俄军的炮弹一颗接一颗落在喀山城的城墙上，城墙上顿时燃起了大火。喀山军民一面灭火一面继续向俄军射击，并派出游击队骚扰俄军。一个月过去了，喀山城依然耸立着。

伊凡四世令俄军抓了几百个喀山老百姓，押到喀山城下，声称要是不投降就将他们全部杀死，但又一次被喀山守军拒绝了。伊凡四世残忍地下令将几百个老百姓全部杀死，这不但没有吓倒喀山守军，反而激起了他们对侵略者更大的仇恨。

后来俄军挖了一条地道，一直通到喀山城墙下，然后放上炸药，将一段城墙炸塌，如狼似虎的俄军从坍塌的城墙处一拥而入，终于攻入了喀山城。喀山守军全部被杀，妇女、儿童被卖为奴隶，喀山居民的财产被洗劫一空。就这样，俄罗斯吞并了喀山汗国。

伊凡四世一生都生活在尔虞我诈、钩心斗角的宫廷政治渡过，因而养成了多疑、残暴的性格，动不动就大发雷霆，随意杀人，一次他在盛怒之下竟然打死了自己的儿子，所以历史上称他为“伊凡雷帝”。

尼德兰革命

随着欧洲文艺复兴和科学技术的发展，资产阶级慢慢登上历史舞台。1556 年，包括荷兰、比利时、卢森堡和法国东北部的尼德兰地区，因王朝联姻和王位继承关系，归属了西班牙。西班牙对尼德兰推行封建专制制度，对尼德兰人民进行残酷奴役和剥削，造成手工工场倒闭、工人失业，极大地扼制了资本主义经济的发展。西班牙专制还体现在教会迫害上：查理一世曾在尼德兰设立宗教裁判所，颁布“血腥诏令”，残酷迫害新教徒；腓力二世加强教会权力，命令尼德兰总督一切重大事务都要听从教会首领格伦维尔的意见，并且拒绝从尼德兰各地撤走西班牙军队。西班牙的专制行为引起尼德兰人民的极度不满和抗议。

面对西班牙的专制统治和宗教迫害，以宗教斗争为先导的尼德兰民众反封建斗争逐步高涨。激进的加尔文教教徒迅速增多，并不时地同当局和教会发生冲突。腓力二世只好表面答应群众的要求，但是暗地里却在秘密制订残酷镇压尼德兰革命势力

玛格丽特是查理五世的女儿，1559 年，被弟弟西班牙国王腓力二世派到尼德兰做总督。

的计划。1566年，尼德兰贵族也向西班牙国王请愿，要求废除宗教裁判所，缓和镇压异端的政策。在没有任何收获的情况下，贵族中的激进派加入到加尔文教会和革命群众的行列，一场大的革命风暴即将来临。

1566年8月，一名叫马特的制帽工人，掀起了破坏圣像、圣徒遗骨和祭坛的运动，并得到广大人民群众的支持，安特卫普、瓦朗西安爆发了起义。1567年，腓力二世命阿尔法为总督，率军进驻尼德兰，开始了对异端派别和起义军的血腥镇压，一些贵族和资产阶级也被杀害。由工人、农民和革命资产阶级分子构成的起义军和激进的加尔文教徒转移到森林里和海上，组成“森林乞丐”和“海上乞丐”，展开游击战，神出鬼没地袭击西班牙军队，奏响了荷兰革命的交响曲。1568年，奥兰治亲王威廉从国外组织一支雇佣军，但终因势单力薄而被阿尔法击败。1572年4月，在“森林乞丐”和“海上乞丐”的影响下，尼德兰北方各省均发生起义，致使阿尔法军力分散。海上乞丐趁机率领装有枪炮的轻便船猛攻泽兰省的布里尔，守卫的西班牙军遭受重创。起义军又一举将西班牙军从北部大部分地区驱逐出去，并占领了荷兰省和泽兰省，建立了自己的根据地，威廉被推选为执政。

阿尔法极为恼火，他开始集中兵力镇压北部起义军。1572年12月，阿尔法大军挺进到哈勒姆，几次强攻都以失败告终。于是阿尔法改变策略，包围哈勒姆，切断所有通道，封锁城池，断绝城内的一切供给，并不时进行佯攻，消耗城内的弹药，8个月后终于攻陷哈勒姆城。攻占了哈勒姆城后，阿尔法开始攻打荷兰的莱顿城。莱顿城地势险要，防御工事坚固，易守难攻。阿尔法继续采用封锁战术。城民和起义军坚持了近一年，基本上到了弹尽粮绝的地步。阿尔法感觉时机成熟，开始发起总攻，但城内剩余的弹药仍使阿尔法惨败。于是阿尔法试图诱降起义军，遭到拒绝。

海上乞丐这时赶来救援，游击队在海坝上挖了 16 处缺口，海水顺势涌向莱顿城，莱顿城外一片汪洋，本来就伤亡惨重而士气低落的西班牙人在海水中仓皇撤退。

1576 年 9 月 4 日，布鲁塞尔举行起义，起义军占领了国务委员会大厦，西班牙在尼德兰南部的统治被推翻了。

1576 年 11 月，以威廉为代表的北方起义军和南方起义军签订协定，首先驱逐西班牙人，成立政府，再解决双方在宗教问题上的分歧。1581 年，北方 7 省联合成立荷兰共和国，宣布废黜腓力二世。而坚持妥协的南方起义军却遭到西班牙军队的镇压而失败。1609 年 1 月 9 日，西班牙国王和荷兰共和国签订协议，承认了荷兰的独立。

尼德兰革命建立了第一个资产阶级共和国，它使荷兰人民推翻了西班牙的专制统治，争取到民族独立。

东印度公司

15 世纪以前，东方的香料和丝绸都是从中国经过伊朗、小亚细亚半岛，由阿拉伯人和威尼斯人传到欧洲的。可是到了 15 世纪，奥斯曼土耳其帝国兴起。1453 年，攻陷君士坦丁堡，拜占庭帝国灭亡。奥斯曼土耳其帝国控制了香料及丝绸之路，它对来往的客商征收高额的关税，致使导致香料及丝绸的价格暴涨，香料几乎与黄金等价，迫使欧洲国家寻找另一条香料之路。

这是耶稣会传教士创作的一幅水彩画，表现的是荷兰围困庞迪遮里的情形。

当时欧洲有一种“地圆说”，就是认为地球是圆的，这激发了欧洲人的探险热情。既然地球是圆的，那么向西航行不也可以到达中国、印度吗？进口的香料丝绸不就可以避开奥斯曼帝国的高额关税了吗？在巨大的利润刺激下，冒险家们一个接一个地踏上冒险之旅，去寻找盛产香料的东方。1492年的春天，哥伦布决定从水路到神秘的东方去。他得到了西班牙国王的支持，率领着几只船开始向西航行，结果却发现了美洲。1499年，葡萄牙航海家达·伽马向南绕过非洲的好望角到达印度，他率领满载香料的船队返回葡萄牙，所获纯利润竟是这次航行费用的60倍！从此葡萄牙人垄断了这条香料之路，大发横财。后来葡萄牙人又占领了盛产香料的印度尼西亚，把当地盛产的胡椒、豆蔻、丁香贩卖到欧洲，让其他的欧洲国家眼红不已。

当时荷兰的航海业也很发达，号称“海上马车夫”，为了获得高额利润，它也决定开辟一条海上香料之路。这件事得到了荷兰政府的支持，由于当时远航耗资巨大，除了王室以外没有人能负担得起，但聪明的荷兰商人合资组建了一支由4艘帆船组称的船队，由霍特曼率领，向东方出发。

霍特曼率领着船队，经过了一年多的航行，终于到达了印尼爪哇岛的万丹港。通过望远镜，霍特曼看见了两只满载香料的大船正出港。

“哈哈哈，伙计们，我们刚来到这里就要发大财了！看哪，有两只满载香料的大船向我们驶过来了！”船员们纷纷向东看去，发出阵阵欢呼。“全体船员准备，把这两艘船抢过来！”荷兰人凭借强大的武力，将这两艘船上的香料全都抢了过来。

“进港！那里有更多的香料！”霍特曼下令。荷兰人进港后，来到港口附近的市场。发现这里的香料到处都是，小贩们沿街叫卖。在欧洲和黄金等价的香料在这里竟然和蔬菜一样，摆在市场上叫卖！荷兰人惊呆了。

荷兰人开始大肆购买香料，但他们出价很低，再加上行为粗暴野蛮，当地人都不卖给他们。霍特曼非常生气，命令荷兰人抢夺，市场上顿时一片混乱。正在这时，一群爪哇武士骑着马赶来，把荷兰人捆了个结实，押到了万丹苏丹面前。

“你们是哪里人？为什么要抢东西？”万丹苏丹问。

被打得鼻青脸肿的霍特曼说：“尊敬的苏丹，我们是荷兰人，我们是来买香料的。”

“你们这是买吗？这分明就是抢劫，你们必须赔偿我们的损失，我宣布你们为不受欢迎的人，立即驱逐出境！”万丹苏丹生气地说。

就这样，荷兰人在缴纳了罚金后，灰溜溜地离开了万丹港。为了获得香料，荷兰人的船队继续向东航行。但他们在万丹的丑恶行径早已传遍了整个爪哇，每个港口都不欢迎他们。霍特曼本打算向北再碰碰运气，但已经在大海上漂泊了一年的船员们纷纷抗议，霍特曼只好下令返航。1597 年，霍特曼的船队返回了荷兰，虽然他们这次带回的香料并不多，但也获得了高额的利润。荷兰商人一片欢呼，香料之路已经打开了！

1598 年，荷兰人再次远航，由范尼克率领，又一次来到了爪哇岛。吸取了上次霍特曼的教训，范尼克聪明多了。他极力讨好万丹苏丹，赠送了很多礼物。这时，万丹正在和葡萄牙人打仗，范尼克趁机向万丹苏丹提出可以帮助万丹一起对付葡萄牙人，万丹苏丹同意了。在荷兰人的帮助下，万丹将葡萄牙人赶跑了。范尼克趁机向万丹苏丹邀功，提出要在万丹建立办事处。苏丹同意了，并赠送给他们 4 船香料。

1602 年，荷兰国会通过决议，成立了东印度公司。不久，荷兰人的东印度公司将葡萄牙人的势力驱逐，征服了印尼，在这里建立了残暴的殖民统治。

英国向北美殖民

17 世纪初，英国殖民者凭借雄厚的经济力量和先进的武器，开始向北美殖民。

在北美的殖民地中，由于地理条件的差异而存在着多种经济成分。在北部殖民地，资本主义工商业比较发达；中部殖民地，大量存在着半封建的租佃制；在南部殖民地，则正盛行黑人奴隶制。黑人奴隶在中北部地区也有，但数量比较少，大多是家内奴隶。另外，13 个殖民地中普遍存在白人契约奴。他们的地位略高于黑人奴隶，在5 ~ 7年期满后便能成为自由公民。

为统治和管理北美殖民地，英国建立了一整套统治机构。这是一套双重机构，一是在英国政府内部设置的管理殖民地事务的贸易司，二是派驻北美的总督及官员。

印第安人为了打猎或节日庆祝，用在身上绘画的方式进行装饰。

比起欧洲各国和西属拉美殖民地，英属北美殖民地在社会政治结构中存在较多的民主因素。第一，各殖民地均仿效英国，设有议会，而且选民比例较高，白人成年男子大多享有选举权。第二，在经济生活中，由于北美地广人稀，取得土地比较容易，因而小块土地所有者大量存在，无产者数量较少，贫富差别不像欧洲那样悬殊。第三，不存在封建特权和等级制度。北美虽然也有贵族，但他们的社会地位不是靠封建君主的封授和出身门第，而是靠个人的努力。他们虽占据了殖民地的各级官职，但主要是靠竞争选举上的，而不是靠世袭特权。第四，在北部诸殖民地盛行地方自治，当地人民通过参加市镇大会，享有一定限度的参政权。这些民主因素使英国在北美的统治基础不甚牢固，也使日后美国的独立战争成为可能。

英国政府希望殖民地成为英国工业的销售市场及廉价的原料

供应地，因此一直对北美殖民地的资本主义工商业实行限制政策。不过，在1763年以前，由于英国忙于对法国的争霸战争，无暇严格执行这些限制政策。因此，18世纪上半期，北美殖民地的资本主义工商业发展迅速，呈现空前繁荣的景象。手工工场数量增多，规模扩大，某些工业技术已达到欧洲先进水平。

随着经济的发展，原来处于隔绝状态的各殖民地之间的经济联系日益紧密。到18世纪中叶，各殖民地之间建立起完善的邮政系统，许多桥梁、渡船和道路网把主要城市连接起来，经济往来和文化交流更加便利。北方以工业品供应南方，南方则以农产品供应北方，逐渐形成了统一的北美市场。在此基础上，北美人民形成了某些共同的文化观念和心理素质，民族意识开始觉醒。人们普遍感到自己是与旧大陆不同的“新人”。于是，一个新兴民族即美利坚民族诞生了。此外，这一时期欧洲启蒙思想的广泛传播，也给其民族民主意识的发展以巨大动力。

三十年战争

16世纪后期到17世纪初，欧洲社会资产阶级势力抬头，资产阶级新贵族和封建专制相对立，各国都有政治经济矛盾冲突，封建王朝及诸侯的领土之争以及宗教派别的矛盾也日益尖锐。欧洲各国逐渐形成两大对立集团：哈布斯堡集团和反哈布斯堡集团。以宗教改革而形成的新教派联合在反哈布斯堡集团旗下，力图建立中央集权的天主教派联合在以德国皇室哈布斯堡家族为首的哈布斯堡集团旗下，两大集团矛盾日益激化。

1526年，捷克重新并入“神圣罗马帝国”，德皇（属哈布斯堡王朝）兼为捷克国王，但捷克有宗教自决、政治自治的自由。当马提亚继位以后，他指任斐迪南为捷克国王，并企图恢复天主教在捷克的统治地位，德皇的这一决定遭到了捷克人民的强烈反对。1618年，愤怒的捷克人冲进王宫，把国王的两个钦差从窗口扔了出去，这一“掷出窗外事件”引发了1618～1648年，哈布斯堡王朝同盟（天主教同盟）和反哈布斯堡王朝同盟（新教同盟）两个庞大的强国集团为争夺欧洲霸权而进行的第一次全欧性战争——三十年战争。

为了使战争有个领导核心，捷克议会选举新教同盟首领巴拉丁选帝侯腓特烈为国王。在腓特烈的带领下，捷克军队开始的进军比较顺利，到6月时已经打到了维也纳城下。惊慌失措的斐迪南不得不求救于天主教同盟。在蒂利伯爵的率领下，天主教同盟的2.5万人马于1620年11月8日开进捷克，并在布拉格附近的白山与捷克和巴拉丁联军交战。捷克和巴拉丁联军战败，腓特烈逃往荷兰，西班牙占领巴拉丁，捷克被并入了奥地利，德国则取得了3/4的封建主土地。

为了抑制天主教同盟的继续胜利，法国首相黎塞留于1625年倡议英国、荷兰、丹麦结成反哈布斯堡联盟。随后，丹麦国王利斯丁四世联合德国北部新教诸侯向德皇宣战，英国也出兵捷克。德皇任命捷克贵族华伦斯坦为总司令率军抵抗反哈布斯堡联盟。1626年4月，华伦斯坦率军与英军在德绍交战，英军战败，丹麦军队被孤立。8月，蒂利伯爵率军击败丹麦军，收复了被丹麦军占领的卢特城。华伦斯坦军和蒂利伯爵的军队会合，两军挺进丹麦日德兰半岛。丹麦国王于1629年在律贝克与德国签订和约，在和约中保证以后不再干涉德国内务。

德皇一直打算在波罗的海建立一支强大的舰队，而一旦这支舰队成立，直接受到威胁的就是瑞典。在法国的援助下，1630年7月，瑞典国王古斯塔夫率军在奥得河口登陆，天主教联军受挫。1631年9月17日，蒂利伯爵在布赖滕费尔德会战中被瑞典–撒克逊联军击败，联军直抵莱茵河畔，并于1632年初占领美因茨。在1633年春的莱希河会战中，蒂利伯爵被击毙。4月，联军又攻陷了奥根斯堡和慕尼黑。11月，在吕岑会战中，瑞典国王古斯塔夫阵亡，这使得一路胜利的瑞典军丧失了前进的势头。在1634年9月的诺德林根会战中，德军联合西班牙大败瑞典军，并一直乘胜追击到波罗的海沿岸。

1635年5月，法国对西班牙宣战。法国的参战，给天主教同盟以重创。1643年5月19日，法国的孔代亲王率法军和西班牙军在法国北部边境要地罗克鲁瓦遭遇，法军取得了决定性胜利，此时的瑞典军队也是捷报频传。1648年5月，在楚斯马斯豪森会战中，法瑞联军大败天主教军队，早已疲于应付的哈布斯堡王朝无力再战。1643年，丹麦由于嫉妒瑞典取得的胜利而袭击瑞典后方，经过3年战争，丹麦被迫求和。1648年，交战双方签订了《威斯特伐利亚条约》，三十年战争至此结束。

战后的德国满目疮痍，分裂为300个大大小小的诸侯国，神圣罗马帝国事实上不再存在了；西班牙也失去一等强国的地位；法国从德国得到大片土地，成为欧洲霸主；瑞典也得到波罗的海沿岸地区，成为北欧强国；荷兰正式独立。新教得到承认，路德宗和卡尔文宗地位平等。

资产阶级革命时期

查理一世被押上断头台

新航路开辟以后，大西洋上的岛国英国因为地处美洲和欧洲大陆之间，所以发展得很快，出现了很多资产阶级新贵族（靠经营工商业致富的贵族）。但国王查理一世为代表的封建势力还想维持落后的封建统治，疯狂搜刮资产阶级的钱财，激起了资产阶级的强烈不满。由资产阶级组成的议会为了自己的利益千方百计限制国王的权力，但国王对议会根本不屑一顾，议会和国王之间的冲突不可避免。

1640 年 10 月，议会突然逮捕了国王查理一世的两个亲信斯特拉夫伯爵和罗德大主教，并判处他们死刑。查理一世得知后，大发雷霆。第二天，查理一世带着卫队冲进议会，对议会首领说："我以国王的身份命令你们立即释放斯特拉夫伯爵和罗德大主

此图描绘了查理一世被处死后，当刽子手拿着国王的头颅示众时，一位妇女当场昏厥的情景。

教！”“这根本不可能！”议会首领的态度也很强硬，很多议员围了上来，向国王提出抗议。查理一世见势不妙，赶紧逃出了议会。

1640 年 11 月，为了筹措军费镇压苏格兰人的起义，查理一世被迫召开议会，企图通过新的征税法案。议员们不但没有通过法案，反而趁机提出要求限制国王的权力。这一要求得到了广大工商业者、市民和农民的支持。查理一世恼羞成怒，亲自率领卫队闯进议会准备逮捕反对最激烈的 5 名议员。但这 5 名议员早已听到了风声，躲了起来，查理一世扑了个空。第二天，查理一世下令全城搜捕，但国王的卫队遭到了人民的阻拦，伦敦周围农村的农民也纷纷进城，表示拥护议会，连伦敦市长也反对逮捕这 5 名议员，查理一世在伦敦陷入了孤立。

查理一世

几天以后，查理一世逃出了伦敦，来到了英格兰北部的约克郡，准备纠集忠于自己的军队，讨伐议会。1642 年 8 月 22 日，查理一世率领军队在诺丁汉升起了军旗，正式宣布讨伐议会。

消息传到伦敦后，议会慌忙组织军队抵抗。当时英格兰北部和西部的封建贵族拥护国王，参加了国王军。而在工商业比较发达的包括伦敦在内的英格兰东南部，很多资产阶级新贵族、市民和农民都表示拥护议会。内战开始后，由于国王军训练有素，临时拼凑起来的议会军接连战败，国王军一直打到到离伦敦很近的牛津。伦敦城内的议员们乱成一团，有的主张坚决抵抗，有的主张逃跑，有的主张和国王议和。这时议会军统帅克伦威尔挺身而出，强烈谴责逃跑和议和的人，主张同国王军决战，早已没有主意的议员们只好表示同意。

克伦威尔是一个新贵族的儿子。内战爆发后，他招募了60名农民组成了骑兵，加入了议会军同国王军作战。由于他的军队纪律严明，作战勇敢，屡建战功，人数也不断增加，所以很快就得到了议会军广大官兵的拥护，克伦威尔也成了议会军的统帅。

1644年7月的一个傍晚，在约克城西郊的马斯顿草原，国王军和议会军展开了决战。国王军有1.1万名步兵和7000名骑兵，议会军有2万名步兵和7000名骑兵。国王军的统帅鲁波特望着黑压压的议会军，问侍从："克伦威尔也来了吗？"侍从说："是的，他来了。"鲁波特听了长长地叹了一口气，因为他知道克伦威尔能征善战，再加上议会军人数比国王军多，这场仗很难取胜。正当他准备去吃晚饭的时候，议会军分三路，呐喊着向国王军发起了冲锋，这是鲁波特始料不及的，他慌忙部署军队迎战。在他的指挥下，国王军打退了议会军的左翼。就在这时，克伦威尔率领着精锐骑兵向鲁波特杀来。鲁波特吓得掉转马头，狼狈逃走了。国王军顿时大乱，议会军趁机发起总攻，国王军大败。第二年夏天，议会军抓住了查理一世。但他很快逃了出来，又发动第二次内战，结果又被打败，再次成为俘虏。

1649年1月30日，伦敦法庭宣布查理一世是"暴君、叛徒、杀人犯和人民公敌”，宣布对他处以死刑。一身黑衣的查理一世早已没有的昔日趾高气扬的模样，他脸色苍白，目光呆滞，浑身颤抖。刽子手手中锋利的斧头向查理一世的脖子用力砍去，查理一世的头颅滚落到地上，沾满了泥水，人民发出一阵欢呼。此后，英国成立了共和国，资产阶级革命取得了成功。

复辟与“光荣革命”

克伦威尔死后，他的儿子理查·克伦威尔继任为护国主。但他软弱无能，既没有他父亲的威望，也缺乏治国的才能，克伦威尔手下的高级军官们根本不把他放在眼里。不到一年，理查·克伦威尔就被迫辞去护国主的职位。这些高级军官们争权夺势，谁

威廉在英国西海岸登陆，受到资产阶级和新贵族的欢迎。

·《权利法案》·

《权利法案》是斯图亚特王朝的国王们与英格兰人民和议会在17世纪长期争斗的结果。它成为1688年革命后施政的基础。法案的主要内容在于明文宣布詹姆士二世的各种措施非法。法案规定：不经议会同意，国王无权征税；不能在和平时期维持常备军；议会要定期召开；议员的选举不受国王干涉；议员有在议会活动的自由等。同时法案也确定了王位继承问题。《权利法案》为限制王权提供了宪法保障，在英国确立了资产阶级专政的君主立宪制，是英国法律的基本组成部分之一。

也不服谁，搞得国家乌烟瘴气，一片混乱。为了维护自己的利益，英国的资产阶级和新贵族决定把流亡在法国的查理一世的儿子查理二世接回英国。

多次复辟失败的查理二世接到这个消息后，大喜过望。为了能得到资产阶级和新贵族的支持，他表示赦免所有参加过革命的人，实行宗教信仰自由，承认在革命期间获得土地的人的产权，甚至宣称如果他当上国王后，政府将由国王、上院和下院联合组成。资产阶级和新贵族非常高兴，1660年5月26日，查理二世被迎回伦敦，重登王位，斯图亚特王朝复辟了。

但不久，查理二世就露出了他的狰狞面目，开始了反攻倒算，大肆迫害革命者，英国处于一片白色恐怖之中。

1661年1月31日的早晨，伦敦的薄雾还没有散去，一辆华丽的马车在一群侍卫的保护下，来到伦敦近郊的墓地。马车停住后，一位侍卫走到马车前，毕恭毕敬地说："陛下，墓地到了。"查理二世打开车门，走了下来。

“他的坟墓在哪里？”查理二世问。

“在那里。”侍卫朝远处一指。

“来人啊！给我砸了他的墓碑，挖出他的尸体！”查理二世望着那块墓碑，眼里冒出怒火，歇斯底里地喊道。

一群侍卫拿着铁锹、铁锤一拥而上，很快就将那块刻有“护国主——克伦威尔”的墓碑砸了个稀巴烂。他们抡起铁锹，又挖出了克伦威尔的棺材。侍卫们拿着斧头，将棺材劈开，取出了已经腐烂的克伦威尔的尸体。同时被砸墓碑和开棺的还有克伦威尔的女婿——爱尔兰总督爱尔顿和很多革命者。

查理二世将这些革命者的尸体施以绞刑，吊在绞刑架上。但这还不能解查理二世的心头之恨，他又下令将这些尸体的头砍下来，悬挂在当年审判查理一世的威斯敏斯特宫的竿子上示众。对那些曾经参与审判查理一世的法官们都以“弑君”罪处死，已经死了的也要从坟墓里挖出来砍头。

在查理二世流亡法国期间，他得到了法国的大力支持。为了感激法国，查理二世将英国在欧洲大陆唯一的一个贸易点敦刻尔克卖给了法国，这使英国丧失了在欧洲大陆的立足点。英国人民极为不满，认为这是“丢掉了挂在腰带上的一把钥匙”。法国政府因此更加起劲地支持查理二世，给了他大量的贷款。有了法国的撑腰，查理二世的底气更足了。他在英国倒行逆施，解散议会，取消城市的自治权，将人民在革命期间取得的权力全部剥夺。

1685 年，查理二世病死，他的弟弟詹姆斯二世即位。詹姆斯二世是个狂热的天主教徒，他一上台就宣布天主教为国教。这就意味着革命时那些靠没收天主教会势力的土地而致富的资产阶级和新贵族将被迫退还这些土地，从而引起了他们的强烈不满。这项政策同时也引英国国教徒的不满，他们认为天主教定为国教后，他们的地位、领地、税收以及一切福利都将丧失。于是，他们联合起来，反抗詹姆斯二世的反动统治。他们不敢发动群众起义去推翻詹姆斯二世，而是想换一个国王。选谁当国王呢？他们选择了在荷兰执政的威廉二世。为什么选择他呢？一是因为他是詹姆斯二世的女婿，二是因为他信仰新教。

威廉二世接到英国人的信后，非常高兴，觉得这简直就是天上掉了一块馅饼！经过一番精心准备，威廉二世带领 1 万步兵和 4000 骑兵，乘坐 600 艘战船在英国西南部德文郡的托尔贝港登陆。威廉二世在英国资产阶级和新贵族的带领下，率军向伦敦挺进，一路上势如破竹。詹姆斯二世的军队虽然多，但都贪生怕死，不敢与威廉二世的军队交战。很多军官都投降了威廉二世，甚至包括英军总司令约翰·丘吉尔，就连詹姆斯二世的小女儿和她的丈夫也投奔了威廉二世。众叛亲离的詹姆斯二世逃到了法国，威廉二世当上了英国国王。英国人把这次不流血的政变叫作“光荣革命”。光荣革命结束了英国的专制统治，为英国资本主义的发展提供了稳定的环境。

郑成功收复台湾

明末政治腐败，武备废弛，台湾、澎湖的防卫力量逐渐削弱，给外敌窥伺造成可乘之机。自从通往东方的新航线被发现后，葡萄牙、西班牙、荷兰等西方殖民主义势力为争夺殖民地，纷纷东来。17世纪初，荷兰东印度公司在巴达维亚（今印尼雅加达）成立后，加强了对中国的经济掠夺和武力侵略。1624年，荷兰在台湾南部的台江登陆，1642年，荷军在台湾北部击败西班牙殖民军，霸占了整个台湾。荷兰殖民者的残暴统治不断激起台湾人民的强烈反抗。而此时，以抗清为己任的郑成功已占据了长江口以南的广大海域。为了驱逐荷兰殖民者，建立稳固的抗清基地，郑成功决意收复台湾。

从1661年初开始，郑成功开始储备粮饷，练兵造船，侦察敌情，在军事和经济上都做了周密充分的准备。而且他还制定了收复台湾的作战方针：首先攻打澎湖，作为前进基地，通过鹿耳门港，于台江实施登陆作战，切断台湾城与赤崁城两地荷军的联系，分别予以围歼，以收复台湾全岛。

1661年2月，郑成功从厦门移驻金门，将出征舰队分两批出发。3月23日，郑成功亲率2.5万人从金门出发，24日到达澎湖，因荷军兵力薄弱，郑军很快占领了澎湖。30日，郑成功留下3000兵力驻守澎湖，亲率舰队于4月1日抵鹿耳门港

荷兰侵略者投降图

外。郑成功乘海潮大涨，率队进发，顺利通过鹿耳门狭窄的北航道，进入内海，避开敌人的火力，将舰船分布在台江之中。荷兰军队来不及调整部署，只好仓促出动夹板船到海面阻击郑军，郑军水师冲过荷军防线，先在赤崁城以北的禾寮港登陆，接着在鹿耳门方向成功登陆。

荷兰殖民者在台湾岛上修筑了两个据点：赤崁城（今台南）和台湾城（今安平）。郑成功军队成功登陆禾寮港后，包围了赤崁城，并割断了赤崁城与台湾城之间的联系。当时，防守赤崁城的荷军司令官描难实叮自持装备优良，城堡坚固，根本没有把郑成功的军队放在眼里。虽然郑军武器装备落后，但却训练有素，纪律严明，士气高昂，十分英勇。

郑成功采用先弱后强、分割包围，各个击破的方针，首先对赤崁城发起猛攻。描难实叮命令荷军用大炮和洋枪回击，海上的荷兰战船也向郑成功的船队开火。台湾人民见郑军的大炮难以攻下赤崁城，便向郑成功献计：赤崁城中的水源只有一个，在城外的高山上，如果断其水源，城中乏水，人心动摇，那时再攻打就相当容易了。郑成功采纳了这一建议，果然，几日以后，描难实叮在走投无路的情况下，出城投降，赤崁城被郑军收复。

郑成功派描难实叮去台湾城招降荷兰总督揆一，但揆一拒不投降，并派人去巴达维亚请援军。郑成功率军攻城，荷军炮火猛烈，久攻不下，郑成功决定对台湾城实行围困战略，在城外修筑深沟高垒，使敌方炮火的威力难以发挥。同时，郑成功到台湾各地宣传收复台湾的宗旨，把带来的耕牛农具发给农民，台湾人民纷纷支持郑成功的爱国正义行动。

5月2日，第二批郑军6000人在黄安等将领的率领下，乘船抵达台湾，郑军的供给得到补充。7月，荷军分水、陆两路向郑军发起进攻。海上，荷舰企图迂回到郑军后侧，焚烧船只，却被郑军包围，双方展开激战，荷军战败，只有少数幸存舰船逃往巴达维亚。陆上，荷军的进攻同样遭到失败。此后，荷军再也不敢轻易与郑军交战。

几个月的围困，使台湾城缺粮缺水，仅死伤的荷军就有1600多人，余下的兵士也陷入饥荒和混乱之中，次年1月25日，郑成功命令发起总攻，揆一见大势已去，于2月1日宣布投降。盘踞台湾达38年之久的荷兰殖民者最后被驱逐出了中国的领土。

英荷战争

17世纪上半叶，荷兰完成了资产阶级革命，实现了民族独立，经济得到迅速发展，海外扩张和贸易成效显著。当时荷兰拥有商船1.6万艘，占世界商船总吨位的3/4。荷兰人垄断了世界贸易，五大洲的各个角落都留下荷兰商人的足迹，被誉为“海上马车夫”。不久，英国资产阶级革命取得胜利，为掠夺资本，统治者迫切需要海外扩张，扩大海上贸易。海上霸主荷兰就成为英国的最大威胁和障碍，

镶金蜗牛

荷兰国土面积虽然少，但它的国民四出探险，取得无数财富，供国内的资产阶级玩乐。

两国之间的利益冲突日益尖锐。

1649年，克伦威尔政府加快海军建设，建造安装60～80门炮的巨型战舰，并于1651年颁布《航海条例》，禁止荷兰参与英国贸易，严重打击了荷兰利益。1652年5月，双方舰队发生冲突。7月8日，英国舰队司令布桑克下令封锁多佛尔海峡，切断荷兰在海上与外界的联系。

荷兰对英国的行为极为愤怒，采用强大军舰护送商船强行突围。8月26日，荷兰商船在海军将领赖特率领的军舰掩护下驶往英吉利海峡。40余艘英国舰进行阻击，赖特命军舰分进合击，利用数量优势重创英军，顺利通过英吉利海峡。封锁失利后，英军增加封锁兵力。1653年2月，荷兰统帅特普罗率领80余艘战舰护送商船回国，行至波特兰海城，遭到70余艘英国战舰的袭击。双方势均力敌，展开对攻。一时间，海面上水花四溅，硝烟弥漫。激烈的海战一直持续了三天，双方都付出了巨大的代价。特普罗虽然突破了封锁，但制海权被英国海军夺走，对荷兰的封锁更为严密。

依靠殖民与海上贸易发展起来的荷兰，受到英国的严密封锁，经济开始陷入瘫痪，这促使荷兰一定要与英国决一死战。1653年6月，特普罗率领104艘荷兰舰船试图打破英国封锁，布莱克组织115艘英舰应敌。战斗一开始，双方就展开了混战，巨型的英舰虽在体型上优于敌人，但船体小而灵活的荷兰军舰在空隙中穿梭，也没让英军占太多的便宜。时间一长，装有较先进火炮，且数量和质量都优于对手的英国军舰慢慢占了上风。天黑时，英国舰队的援军赶到，损失惨重的荷兰舰队被迫退到佛兰德浅海。英军舰船因体积巨大，吃水较深而无法追击。这次海战的胜利，使英国对荷兰的封锁更加猖狂。不甘心失败的荷兰又调集舰队，在特普罗的指挥下大举反扑英国舰队。8 月 10 日，激战开始，英国舰队充分发挥先进火炮的威力，与荷兰军舰进行周旋。特普罗在激战中中弹身亡，荷兰军舰乱作一团。英军抓住时机进行痛击，荷兰军队伤亡惨重。1654 年 4 月，荷兰被迫与英国缔结和约，同意支付巨额赔款，承认英国海上霸主的地位。

取得制海权的英国开始对外殖民扩张，1664 年，英国攻占了荷兰在北美和西非的殖民地。1665 年 2 月，意欲复仇的荷兰向英国宣战。荷兰海军上将赖特率军很快夺回西非被英军占领的殖民地。但 6 月在洛斯托夫特海战中又被英国约克公爵击败。此时，法国、丹麦等国对英国的迅速扩张极为害怕，于是与荷兰结成反英同盟，提供各种支援。1666 年 6 月 11 日，赖特再次组织 84 艘战舰，装备较先进的大炮 4600 门和 2.2 万大军，向英军反扑。在敦刻尔克海与蒙克和鲁珀特率领的英国舰队遭遇，双方展开对攻战。赖特凭借数量的优势包围了英军。英军四面受敌，伤亡和损失很大。荷兰乘胜追击，沿泰晤士河而上，攻打英国首都伦敦。1667 年 6 月，赖特乘黑夜利用涨潮之机冲入泰晤士河，炮轰伦敦，严密封锁泰晤士河口。英国人惊慌失措，被迫与荷兰和谈，在海上贸易权方面做出了让步。

1672 年，为了各自利益，英、法联合对荷兰宣战。荷兰人打开水坝，迫使法军撤兵，英国海军也被击败。随后两年里，英、法不能协调一致，英军陷入孤立。长期的战争使英、荷双方国力大减，无力再战，1674 年 2 月双方签订和约，恢复了战前状态。

三次英荷战争使荷兰实力削弱，“海上马车夫”由英国取而代之，英国成了海上霸主。这次战争，也使人们认识到海军的战略价值。